利益調整と企業価値

関 利恵子 著

東京 森山書店 発行

は し が き

　本書は，会計数値に与える利益調整の影響が企業価値説明力にどの程度の差異をもたらすかについて，第一に利益調整の存在，第二に会計数値への直接的な利益調整の影響という2つの角度から分析を行なったものである。

　周知のように利益調整と企業価値関連については，すでに多くの研究がなされ，頑健な証拠も提示されている。従来の研究では，企業価値の測定要因の一つに会計数値があり，会計数値は利益調整の影響を受けるものでありながらも，利益調整と企業価値は別々に研究がなされ，両者を関連させて検証したものはほとんど存在していなかった。したがって本書の特徴は，利益調整と企業価値を関連づけて，利益調整の存在ならびに会計数値における利益調整の程度の大きさが企業価値の説明力に差異を及ぼすか否かを検証している点にある。

　まず利益調整の存在については，利益調整の動機のうち予測利益達成のための動機をとりあげた。その理由として，わが国は決算短信を通じて主要な会計数値の業績予想が公表され，経営者による予測情報は容易に入手することができる情報だからである。また財務会計がもつ役割の一つに情報提供機能があるが，経営者による予測利益情報は，投資意思決定において有用な情報を提供していることが明らかにされているからである。

　予測利益情報は投資家の意思決定に有用であると同時に，経営者が達成すべきベンチマークの一つともなっている。その背景には，予測値を達成することができなかった場合に生じる，マイナス方向へのアーニングス・サプライズつまり株価下落の回避がある。経営者はそうした状況を回避するために利益調整を行ない予測値に近づけるような行動をとるのである。投資意思決定に有用であるとされる会計情報に利益調整の存在が疑われる場合，それらの企業の企業価値説明力は低下するのであろうか。本書では経営者が行なう予測利益達成のための利益調整について，総合的な検証を試みている。具体的には1990年代に

盛んに行なわれた資本市場研究による手法を使用して予測利益情報の有用性から検証を始めて，利益調整の存在の確認，企業価値説明力の差異を検証している。

　他方の会計数値への直接的な利益調整の程度については，損失回避の利益調整動機をその対象としている。利益調整の分析手法は，大別するとヒストグラムによる分析と裁量的発生高による分析に分類される。本書では利益調整の存在についてはヒストグラム，会計数値への直接的な影響は裁量的発生高によるアプローチで利益調整を分析した。

　本書の結果からは，予測利益を達成するような利益調整の存在が明らかな企業における企業価値説明力が低下しており，損失回避の利益調整については当期純利益および当期純損失が少額な企業が，多額の裁量的発生高を計上するような利益調整を行なっていることが明らかにされ，そうした企業における会計数値の企業価値説明力は低下していた。すなわち，利益調整を行なっている企業の企業価値説明力は相対的に低下していたのである。

　筆者が博士学位を取得して，本書を刊行することができたのは，聴講生以来，今日まで，未熟な私にたいして，研究テーマの選定方法から研究方法にいたるまで厳しくそして暖かいエネルギッシュなご指導を継続的に続けていただいている明治大学経営学部教授　森　久先生のお陰である。森先生の熱心なご指導がなければ，ここまで来ることはできなかったであろう。森先生に深く感謝申し上げる次第である。

　本書は筆者の博士学位請求論文を基礎に加筆，修正を加えたものである。論文審査に際しては平井克彦先生（明治大学経営学部），青木茂男先生（青山学院大学会計大学院）にお世話になった。また，院生時代より所属している日本会計研究学会や日本経営分析学会などでは多くの先生よりご教示を賜り，励ましやご助言をいただいた。ただ，浅学菲才な著者の能力がゆえに本書の内容には錯誤が生じていると思われる。ご叱正とご批判をお願いし，今後はよりいっそう研鑽に努めてゆきたい。

　また著者の勤務先である信州大学経済学部では，2004年度の一年間，明治

大学経営学部において内地研究員としての研究期間を与えていただいたほか，たくさんの恵まれた研究環境を与えて頂いている。柴田匡平先生（信州大学経営大学院）や鈴木智弘先生（信州大学経営大学院）には赴任以来たいへんお世話になっている。また，研究分野を問わず多くの先生方にも，常日頃よりお世話になり，たくさんの励ましを頂いている。筆者が快適に勤めることができているのもそうした先生方のお蔭である。心より感謝申し上げたい。

信州大学経済学部に奉職して10月で10年目に入る。福沢諭吉の心訓には「世の中で一番楽しく立派な事は一生涯を貫く仕事をもつ事です」とある。アルプスの山脈を望む自然豊かな環境の中で研究と教育を通じて，生涯をかけて自身を成長させることができる職に就けたことに感謝するとともに，幸せを感じている。これからは，これまでの遅れを少しでも取り戻すことができるよう，研究や様々な活動を通じて，自己研鑽に励み精進してゆきたい。

末筆ながら，本書の出版をお引き受けいただいた森山書店社長の菅田直文氏と同取締役編集部長の土屋貞敏氏には，たくさんのご無理をお願いした。お手数をおかけしたにも関わらず，多くのご配慮を賜ったことを心から感謝申し上げたい。

最後に私事になって恐縮であるが，長年にわたり著者を暖かく見守ってくれている家族に感謝したい。

2009年9月30日

関　利恵子

本書の出版は，平成21年度科学研究費補助金（研究成果公開促進費　学術図書：課題番号215142）による助成をうけている。

目　　次

第1章　会計が果たす役割と利益のあり方 …………………… 1
第1節　は　じ　め　に …………………………………………… 1
第2節　会計情報の果たす役割 ………………………………… 4
2－1　会計情報の役割―利害調整機能と情報提供機能― ……… 4
2－2　会計情報の質的特性 …………………………………………… 5
第3節　利益調整の概念および範囲 …………………………… 8
3－1　利益調整の概念 ………………………………………………… 9
3－2　利益調整の範囲 ……………………………………………… 10
第4節　本書の目的と構成 ……………………………………… 12
4－1　本書の目的 …………………………………………………… 12
4－2　本書の構成 …………………………………………………… 13

第2章　企業価値評価と利益調整の動機 …………………… 21
第1節　は　じ　め　に ………………………………………… 21
第2節　会計数値と企業価値評価モデル ……………………… 22
2－1　企業価値評価モデル ………………………………………… 22
2－2　DDM・DCM・RIMの長所と短所 ………………………… 25
第3節　利益調整の動機 ………………………………………… 29
3－1　利益捻出型と利益圧縮型の利益調整 ……………………… 30
3－2　機会主義的動機と情報提供的動機 ………………………… 31
第4節　利益調整がもたらす企業価値説明力への影響 ……… 40
第5節　む　す　び ……………………………………………… 43

第3章　予測利益達成のための利益調整 …………………… 47
第1節　は　じ　め　に ………………………………………… 47
第2節　予測利益情報の有用性と予測利益達成のための利益調整 …… 48

	2-1 予測利益情報の有用性	48
	2-2 予測利益達成のための利益調整	51
第3節	研究目的と分析方法およびサンプルの収集方法	57
	3-1 研究目的と分析ステップ	57
	3-2 分析方法	58
	3-3 サンプルの収集方法	61
第4節	分析結果とその解釈	62
	4-1 予測利益情報の有用性	62
	4-2 予測利益達成のための利益調整	69
第5節	むすび	73

第4章 予測利益達成と企業価値説明力 77

- 第1節 はじめに 77
- 第2節 予測利益と企業価値 79
- 第3節 研究目的と分析手法およびサンプルの収集方法 85
  - 3-1 研究目的 85
  - 3-2 分析方法 86
  - 3-3 サンプルの収集方法 88
- 第4節 分析結果とその解釈 88
  - 4-1 予測利益達成のための利益調整の有無の確認 89
  - 4-2 予測利益達成のための利益調整と企業価値説明力の関連 92
- 第5節 むすび 97

第5章 裁量的発生高による利益調整 101

- 第1節 はじめに 101
- 第2節 会計利益の調整手段である裁量的発生高の測定方法 102
  - 2-1 会計利益の構成 103
  - 2-2 裁量的発生高の測定方法 104

2-3　会計利益への裁量的発生高の影響 …………………………………108
　第3節　研究目的と分析手法およびサンプルの収集方法 …………………110
　　3-1　研　究　目　的 ……………………………………………………110
　　3-2　会計数値に対する裁量的発生高の影響 …………………………112
　　3-3　サンプルと基本統計量 ……………………………………………114
　第4節　分析結果とその解釈 …………………………………………………115
　　4-1　会計利益と裁量的発生高の関連 …………………………………115
　　4-2　DA/E比率の大きさと裁量的発生高の関連 ………………………116
　第5節　む　す　び ……………………………………………………………121

第6章　裁量的発生高と企業価値説明力 …………………………………125
　第1節　は　じ　め　に ………………………………………………………125
　第2節　研究目的と分析方法およびサンプルの収集方法 …………………126
　　2-1　研　究　目　的 ……………………………………………………126
　　2-2　分　析　方　法 ……………………………………………………128
　　2-3　各変数の基本統計量 ………………………………………………132
　第3節　分析結果と解釈 ………………………………………………………132
　　3-1　ポートフォリオ別回帰係数 ………………………………………132
　　3-2　裁量的発生高と企業価値説明力 …………………………………133
　第4節　む　す　び ……………………………………………………………143

第7章　利益調整が企業価値説明力に及ぼす影響と
　　　　　残された課題 ……………………………………………………147
　第1節　は　じ　め　に ………………………………………………………147
　第2節　本書で示された知見 …………………………………………………148
　第3節　残された課題 …………………………………………………………154

補　章　予測利益達成のための利益調整 ……………………157
　　　　　―中間決算短信と年次決算短信による分析―
第1節　は　じ　め　に ……………………………………………157
第2節　分析手法とサンプル ……………………………………157
　2-1　仮　　　説 ………………………………………………157
　2-2　分　析　手　法 …………………………………………158
　2-3　サンプルと基本統計量 …………………………………159
第3節　実証分析の結果と解釈 …………………………………161
　3-1　年次決算による予測誤差の分布状況 …………………161
　3-2　中間決算による予測誤差の分布状況 …………………164
　3-3　標準化差異検定の結果と解釈 …………………………167
第4節　む　す　び ………………………………………………170

参　考　文　献（173）

索　　　引（183）

第1章　会計が果たす役割と利益のあり方

第1節　は じ め に

「会計とは，情報の利用者が事情に精通して判断や意思決定ができるように，経済的情報を識別し，測定し，伝達するプロセスである」[ASOBAT（1966），p.1. 訳書：飯野（1969），2頁]と会計を定義した『基礎的会計理論』(A Statement of Basic Accounting Theory：以下，ASOBATと示す）が米国会計学会（American Accounting Association：以下，AAAと示す）から，発表されるまで，アメリカの会計研究は作成者の立場から定義する規範的研究が主流であった。しかしASOBAT以降，Beaver（1968）やBall & Brown（1968）を嚆矢に会計情報の公表の株価に対する影響力を分析して，その情報内容を問い，統計的結果により会計情報の有用性を検証するというスタイルの研究，すなわち実証的研究[1]が主流となった。

それから約40年が経過した。実証的研究の草分けであるBeaver（2002）は，*The Accounting Review*に掲載した"Perspective on Recent Capital Market Research"の冒頭で，会計学の研究において1990年代から現在までの間に著しい進歩を遂げた研究領域について①市場効率性（market efficiency），②Felsam-Ohlsonモデル，③価値関連性（value-relevance），④アナリストの行動（analysts' behavior），⑤裁量的発生高（discretionary accruals）の5つをあげている[Beaver（2002），p.348]。

わが国でもこうした研究の流れに沿うように1990年代前後，Ball-Brown型やBeaver型の研究手法を使用して，効率性市場を前提としたわが国の資本市

場における会計数値の有用性や影響力についての検証が数多くなされた。そして 1990 年代半ばから現在においては，Ohlson（1995）を根拠とするモデルによって会計数値と企業価値の価値関連性を検証する分析が利益情報の有用性研究の中心となってきた。その一方で，経営者の裁量行動に関する研究も数多く行なわれている。ただ④については，企業自体が決算発表の際に決算短信を通じて「次期の業績予想」[2]（以下，経営者予測と示す）を発表しているため，わが国ではアナリストの行動に関する研究は米国ほど多くはない。

特にここ数年は，会計操作や利益調整そして企業価値に関する研究が盛んに行なわれている。さらに現実社会にあっても，ライブドアの特別目的会社を利用した粉飾決算をはじめ，カネボウの虚偽記載による上場廃止など利益粉飾による会計不正事件が後を絶たない。そうした中，会計情報に対する不信は強まり，会計に対する関心はこれまでにないほどの高まりを見せている現状にある。

会計への関心の高まりと同様に企業価値に関する議論もかつてないほどの高まりをみせていることも忘れてはならない。企業価値についていえば，「企業価値を創造せよ。さもなくば市場から撤退せよ」［伊藤（2007），1頁］と言われるように，近年では，企業価値の向上が企業経営にとっての前提となっている。しかし，行き過ぎた企業価値向上への偏重経営は，エンロン，ワールドコムやライブドアなどといった一連の会計不正を生み出す要因にもなりかねない［Rappaport（2007），25頁］。

企業価値創造は，ともすれば，長期的な視点を欠きやすく短期業績志向に陥り，目先の利益をよくしようとする利益操作や粉飾決算などを誘発する傾向がある。

したがって，会計利益に対する利益調整や粉飾決算と企業価値の創造は，ある意味表裏一体なものであり，両者を関連づけて分析することは不可欠である。そこで本書では，企業価値を構成する要因の一つである会計利益に対する利益調整の存在やその大きさが，企業価値説明力にどの程度の影響を与えているか検証する。

議論を展開する前に，多岐にわたる企業価値の概念を簡単に整理し，本書における企業価値概念を示すことにしよう[3]。

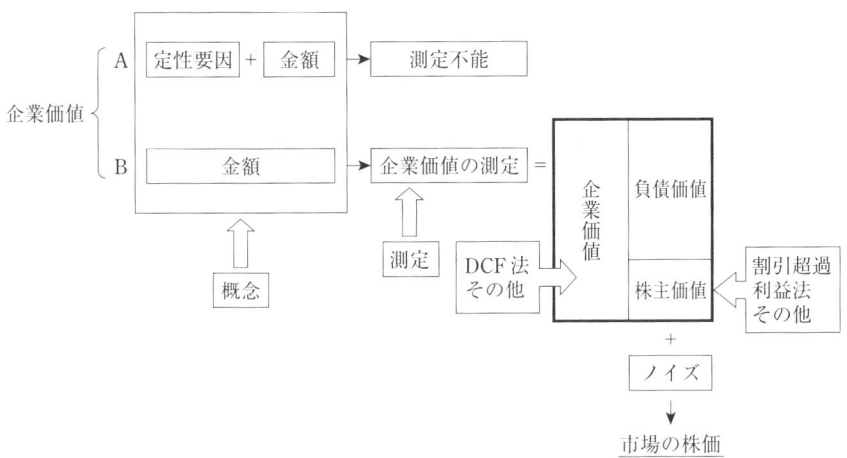

図表1-1　企業価値と株主価値の概念図

出所：青木（2008），432頁の図16-1を一部修正して作成。

図表1-1にみるように企業価値は，負債価値，株主価値など貨幣で測定可能な定量要因のみではなく，社会的信頼や社会的評価などといった測定不能な定性要因によっても構成される［青木（2008），432頁］。そして測定可能な企業価値についてみていくと企業価値は負債価値と株主価値を合計したものであることがわかる。しかし，負債価値の時価と簿価にはあまり差がないことから，企業価値は株主価値を求めることに他ならない［青木（2008），433頁］。そのため，企業価値を求めるといった場合には，株主価値を求めることにもなるとする概念に本書は従う［青木（2008），433頁］。

ここで，本書の研究スタイルについても示しておこう。現在，実証研究の流れ[4]は，資本市場研究から契約関連の研究，そして近年では，契約関連と資本市場研究が交差したクロスオーバー研究［須田（2008），20頁］とよばれる形で進んでいるという。本書では，いくつかの実証研究のスタイルを組み入れて，会計利益における利益調整の有無やその程度を明らかにして，利益調整の

影響が企業価値説明力に差異をもたらしているか分析する。

　第1章の構成は次のとおり。第2節では，会計情報がもつ役割のうち本書の分析の前提となる情報提供機能に焦点をあてて検討する。2004年に企業会計基準委員会（Accounting Standards Board of Japan：以下，ASBJと示す）によって『討議資料　財務会計の概念フレームワーク』（以下，『討議資料』と示す）が公表され，会計情報の目的は意思決定有用性にあるとしている。そこで，財務会計基準審議会（Financial Accounting Standards Board：以下，FASBと示す）とASBJのフレームワークをとりあげて，会計情報が具備する要素について考察する。続く第3節では，多様である利益調整の概念の整理と本書で使用する利益調整の概念化を行なう。そして第4節では本書の目的と構成を示す。

第2節　会計情報の果たす役割

　会計情報が果たす役割は，企業と株主や債権者などの利害関係者との調整を行なう利害調整機能と，投資家が意思決定を行なう場合に投資対象とする企業を分析するのに有用な情報を提供すべきであるとする情報提供機能の2つがある［桜井（2008），7-12頁］。また，Watts & Zimmerman（1986）は，会計情報の機能について，利害調整機能を会計情報の役割を契約が履行なされたことを確認するための契約支援機能，情報提供機能については意思決定支援機能という分類をしている［Watts & Zimmerman（1986），pp. 196-198］。

2-1　会計情報の役割―利害調整機能と情報提供機能―

　利害調整機能の目的の1つは，株主から拠出された受託資金の管理・運用の状況を株主にたいして経営者が会計報告をしなければならないという会計責任（accountability）の遂行にある。会計報告によって，株主は経営者の経営行動をモニタリングすることが可能となるため，経営者の行動に疑問を持った場合には，株主総会にて議決権を行使することにより，経営者の解任や不再選をすることによって，自らの権利を保全することが可能になる[5]［桜井（2008），8頁］。

そして株主は，株主総会において経営意思決定に参加するだけではなく，配当金を取得することも可能であり，企業によっては株主優待といった企業独自の特典が受けられる場合もある。

しかし，債権者は株主とは異なり，企業の意思決定には参加することができない。そのうえ，債権者は債権の利子率が債権購入時に決まっているので報酬として受け取る金額も決まっている。さらに債権者は，株主とは異なり企業の倒産時には元本が回収不可能となる。したがって，株主が企業の社内留保金を配当によって無制限に流出させれば，債権者の権利は著しく侵害されてしまう［桜井（2008），9頁］。

こうした株主と債権者の利害対立を調整するため会社法では，剰余金の分配可能限度額を定めている［会社法第461条第2項］。さらに社債発行時には「財務上の特約」によって一定水準の利益の維持が求められる。

このように会計情報は，経営者，株主および債権者間におけるコンフリクトの解消に一役を担っており，わが国の法体系に照らしあわせれば，利害調整機能としての会計情報は，会社法に関連する情報であるといえる。

情報提供機能における会計情報の役割は，投資家の投資意思決定に有用な情報提供を行ない，証券市場における証券売買を円滑に遂行することにある。先の利害調整機能が，企業の利害関係者のコンフリクト解消を主眼としていたものであるのに対し，情報提供機能の役割は投資家が的確で迅速な投資意思決定を可能とするような情報提供を行なうことにある。したがって，情報提供機能は，金融商品取引法のもとにその役割を果たすことになる[6]。

2-2 会計情報の質的特性

会計情報の役割の議論は，もっぱら上述した利害調整機能と情報提供機能の視点から考察されることが多い。FASBの「財務会計の諸概念に関するステートメント第2号　会計情報の質的特徴」（Quality Characteristics of Accounting Information：以下，SFAC2号と示す）では，会計情報の役割を，「すべての財務報告は，程度の差こそあるものの意思決定に関連している。」［FASB（1980），para.

27〕としている[7]。

　SFAC2 号の会計的特性の階層構造の会計情報の意思決定有用性が具備すべき基本的特性には目的適合性と信頼性がある。そしてその 2 つの特性の基本的な要素として，目的適合性には適時性と予測価値あるいはフィードバック価値，信頼性には検証可能性，中立性と表現の忠実性がある。会計情報が信頼性を保つには，経済取引などの情報の表現は実態を忠実に表現すると同時に，検証可能であり中立でなくてはならないとする。そして目的適合性と信頼性の 2 つの特性に関連する副次的な性質に比較可能性があり，これは情報の有用性を高めるための性質といえる〔FASB（1980），para. 33〕。

　会計情報は，上述した特性を有したうえで意思決定に有用でなければならず情報のベネフィットがコストを上回らなくてはならない。情報が有用であったとしても，ベネフィットに見合わないコストの情報は，提供不可能であったり，提供に値しないものとなる。SFAC2 号の質的特性の階層構造では，コスト＜ベネフィットの一時的な制約条件を課し，すべての特性には重要性が識閾を条件とし，それが制約条件となっている〔FASB（1980），para. 33〕。

　ところでわが国では，2004 年 4 月に ASBJ から『討議資料』が発表された。この『討議資料』で最も重視されている会計情報の機能は，会計情報の意思決定有用性である。『討議資料』の「本文　会計情報の基本的な特性―意思決定有用性―」の 1 では，財務報告の目的を次のように示している。

> 「財務報告の目的は，企業価値評価の基礎となる情報，つまり投資家が将来キャッシュ・フローを予測するのに役立つ企業成果等を開示することである。この目的を達成するにあたり，会計情報に求められる最も基本的な特性は意思決定有用性である（傍点は関）。すなわち会計情報には，投資家が企業の不確実な成果を予測するのに有用であることが期待されている。」

　この討議資料は，会計情報が投資家の企業価値評価の基礎となる情報を提供するということを明示することで，現在では，会計情報の機能の役割といった場合には情報提供機能，すなわち意思決定有用性にシフトしたことを言明して

いる。

　それでは,『討議資料』が示した会計情報の質的特性についてみていくことにしよう。『討議資料』では,会計情報がもつ質的特性について,図表1-2の関係図を示している。

図表1-2　会計情報の質的特性の関係図

　図表1-2にあるように,意思決定有用性を支える基本特性には,意思決定との関連性,内的な整合性および信頼性がある。

　意思決定との関連性では,会計情報の役割が投資家が情報を入手することにより,企業価値を推定する際の意思決定に貢献することを意味している。そしてそれを満たすための下位概念に情報価値の存在と情報ニーズの充足がある。まず情報価値の存在における情報価値とは,投資家の予測や行動が当該情報の入手によって改善されることを示している。新しい基準を導入するにあたっては,その基準を導入することによって,その情報の存在価値について確たることがいえない場合であっても,投資家の要求にこたえるためであるとして会計基準の設定・改廃がなされることもある。したがって,この意味において情報価値の存在と情報ニーズの充足は,意思決定との関連性を支える2つの特性として位置づけられる［ASBJ (2004), 9頁］。

　そして内的な整合性では,ある会計情報が会計基準全体を支える基本的な考え方と矛盾しないルールによって作成されることを求めている［ASBJ (2004), 10頁］。

さらに信頼性は，中立性・検証可能性・表現の忠実性に支えられており，会計情報が信頼に足る情報であることを意味している［ASBJ（2004），10頁］。中立性は，一部の利害関係者だけに偏重のない財務報告を行なうことによって達成され，検証可能性は，会計情報に会計処理などの複数の見積りが存在するため，見積の結果のバラツキやノイズを可能な限り小さくすればよいことになる。表現の忠実性については，企業が直面した事実を会計データで表現する場合に，分類結果が信頼できるように事実と会計上の分類項目との間に明確な対応関係を維持することを求めている［ASBJ（2004），11頁］。

上に述べた中立性，検証可能性，表現の忠実性の特性は，同時に満たされる場合もあれば，いくつかの特性間においてトレード・オフの関係が存在することもある。そうした場合には，すべての特性を考慮した形で会計情報の有用性を総合的に判断することとなる［ASBJ（2004），11頁］。

会計情報は，意思決定との関連性，内的な整合性および信頼性を有することによって，はじめて投資家の意思決定に有用な情報となるのである。

わが国では，2000年の会計ビッグバン以降，投資家の意思決定に有用な情報を提供するために連結決算制度の導入，キャッシュ・フロー計算書等の作成が義務付けられた。さらに国際会計基準の共通化へ向けて四半期決算制度の導入，海外子会社の会計基準の統一，棚卸資産の低価法への一本化など着々と進められている。今後は今以上に会計情報が投資家の意思決定に果たす役割は高まっていくと考えられる。

第3節　利益調整の概念および範囲

本書では，会計数値への利益調整が企業価値説明力に差異を及ぼすか否かを検証することを目的としている。しかし，利益調整の訳語は，Earnings Managementの英語をそのままカタカナにしてアーニングス・マネジメントとしている研究や，利益マネジメント，報告利益管理，利益管理，利益調整など実にさまざまである[8]。このようにEarnings Managementの訳語は実に多様

であるが本書では利益調整という用語を使用する。

用語と同様に利益調整の概念も多様である。そこで第3節では，Schipper (1989)，Healy & Wahlen (1999)，Scott (2003)，Dechow & Skinner (2000) をとりあげて概念の整理を行ない，本書における利益調整の概念と利益調整の範囲を検討していく。

3-1 利益調整の概念
(1) Schipper (1989)

Schipper (1989) は，利益調整について，「利益調整とは私的な利得を獲得することを意図する（言うなれば単に中立的なプロセスを促進するのではなく）外部財務報告プロセスにおける意図的な介入という意味での開示の管理を意味している」[Schipper (1989), p.92] としている。この概念では，あくまでも外部報告を行なう際の利益調整のみを対象としており，内部管理的な会計報告やGAAPに影響を及ぼしたり，それらを変更することを目的とするような活動は含めていない。Schipper (1989) の概念によると利益調整の行なわれる数値の範囲は，特定の利益概念に依拠せずに会計数値全般を含めており，利益の構成要素や補助的な情報開示なども組入れられている。

そして利益調整の影響について Schipper (1989) は，報告利益への影響のみならず，報告利益に「実際」に影響を及ぼす投資のタイミングといったような「実際」の行動についても指摘している。そのうえで Schipper (1989) は，利益平準化も含めた実際的な利益調整の存在すべてに否定的な見解をとっている [Schipper (1989), p.92]。

(2) Healy & Wahlen (1999)

Healy & Wahlen (1999) は，利益調整について「利益調整とは，財務報告を企業の基礎的な経済パフォーマンスについて利害関係者をミスリードするため，あるいは報告される会計数値に依存する契約上の結果に影響を与えるために，経営者が財務報告や契約取引の判断を行なうさいに行なわれる」[Healy & Wahlen (1999), p.368] としている。Healy & Wahlen (1999) の概念の特徴は3

つあり，第一に，経営者が財務報告における判断を行なうのに多くの方法が存在しているとしていること，第二に，利益調整の目的は，根底となっている企業の業績について，利害関係者をミスリードするためであると概念化していること（傍点は関による），そして第三に，経営者の判断における財務報告の利用は，コストとベネフィットの双方を持ち合わせていること，としている点である［Healy & Wahlen（1999），p. 369］。

なかでも Healy & Wahlen（1999）は，利益調整の目的を利害関係者を誤導するためすなわち，ミスリードするためであると明確にしている点に大きな特徴がある。

(3) Scott（2003）

Healy & Wahlen（1999）は利益調整の目的を「ミスリード」することにあるとしていた。それに対して Scott（2003）は，利益調整の目的までは明確にしていない。Scott（2003）は利益調整を「特定の目的を達成するためにいくつかの会計政策を選択すること」［Scott（2003），p. 369］としている。

Scott（2003）における会計政策の選択は，かなり広い範囲での解釈をとっており，具体的には，減価償却の方法や収益の認識であるといった会計方針の選択，また経営者による裁量項目である，貸倒れ，製品保証，棚卸資産の評価や認識のための償却や引当金や特別項目のタイミングといったものも含めている。

3-2 利益調整の範囲

3-1でみた3つの利益調整の概念を整理すれば，経営者が財務報告を行なう場合に一定の意図を有しているという点では共通していることがわかる［奥村（2006），8頁］。しかし，Schipper（1989），Healy & Wahlen（1999）や Scott（2003）などの概念では，一定の意図を有して会計方法の選択などを行なって会計利益を調整した場合，どこまでの調整が利益調整であり，どこからが粉飾であるのかといった，利益調整の明確な範囲までは明らかにしていない。利益調整と粉飾決算の境界線を初めて明確に示したのが次にみる Dechow & Skinner（2000）である。

Dechow & Skinner（2000）は，利益調整の範囲を明確にするため一般に認められた会計原則（Generally accepted accounting principles: 以下GAAPと示す）GAAPを判断基準に用いた。そしてGAAPの領域内での財務選択は「利益調整」，GAAPを超える利益調整を「不正経理」とした範囲づけを行なった。Dechow & Skinner（2000）が示した利益調整の範囲の分類表が図表1-3である[9]。

図表1-3　利益調整の範囲

	会計選択の方法	'理想'のキャッシュ・フローの選択
GAAPの範囲内	"保守的"会計 ・過大な引当金の認識 ・買収における取得中の研究開発費 ・過大なリストラ費用および資産除去損失の計上 "中立的"利益 ・プロセスの中立的な過程から生じる利益 "積極的"会計 ・不良債権に対する引当金の過小計上 ・過剰に積極的なマナーでの引当金の削減	・売上の延期 ・研究開発費あるいは広告宣伝費の繰上計上 ・研究開発費および広告費支出の先延ばし ・売上の時期の繰上げ
GAAP違反	"不正"経理 ・「実現」前の売上計上 ・架空売上の計上 ・売上送状の日付の後付け ・架空棚卸資産による棚卸資産の過大計上	

出所：Dechow & Skinner（2000），P. 239, Figure 1 を修正して作成。

　図表1-3では利益調整をGAAPの領域内のレベルに応じて保守的会計，中立的会計および積極的会計の3つに分類し，GAAP違反を不正経理としている。田中（2004）の利益管理の概念はこれに近く「利益管理とは基本的に会計方針や「判断」の問題であり，法令や会計基準の範囲内で選択されるかぎり合理的な会計処理である」［田中（2004），18頁］としている。

以上の検討から本書の利益調整の範囲は，Dechow & Skinner（2000）が示したGAAPの領域内に属するものとする。そして利益調整の概念は，外部の利害関係者をミスリードするために行なうとしたHealy & Wahlenに近い概念をとることとする。

第4節　本書の目的と構成

4-1　本書の目的

本章第1節でも述べたように，近年，会計領域では，会計数値と企業価値の関連を扱う価値関連性と利益調整に関する研究が盛んである。そして，企業が短期的な企業価値の創造を求めるほど利益調整や粉飾決算によって会計数値への操作する動機が強く働き，利益調整と企業価値の創造は表裏一体なものであることも先に説明したとおりである。

図表1-1にあるように，割引残余利益モデル（以下，RIMと示す）では企業価値が会計数値などで示される定量要因によって測定される。会計数値に対して調整を行なえば，数値自体の信頼性が揺らぎ企業価値にも直接影響を与えることになる。そして，企業価値の測定のもととなる会計数値が企業の実態とかけ離れている場合には，当然，その企業の企業価値は適切な測定はなされない。したがって，会計数値をもととする企業価値評価モデルによって測定する場合，会計数値が利益調整による影響をうけているのか，そして影響を受けているとしたらどの程度の影響であるかを知ることは非常に重要である。

これまでの利益調整の研究成果からは，損失回避，減益回避，予測利益達成を動機とした利益調整の存在や，裁量的発生高を通じての会計利益の操作などが検証されている。また，企業価値関連の研究では，会計利益が他の会計数値よりも企業価値との関連が高いことも示されてきた。

そこで本書では，利益調整の問題を利益調整の存在と会計数値への影響という2つの視点から検証する。そして利益調整の存在および影響が企業価値説明力に差異を及ぼすか否かについて実証する。本書の研究目的を示せば次の2つ

になる。

研究目的1　利益調整の存在と企業価値説明力との関連
　　研究目的1では，予測利益達成，減益回避，損失回避などの利益調整の存在を検証するために多くの研究で使用されているBurgstahler & Dichev (1997) のヒストグラムによる分析を行なう。またわが国では予測利益へのアクセスが容易であることから利益調整の動機としては予測利益達成の利益調整を取り上げる。
研究目的2　会計数値への利益調整の影響と企業価値説明力との関連
　　研究目的2では，会計利益に占める裁量的発生高の大きさによって企業価値説明力に差異が生じるか分析する。裁量的発生高の測定では，CFO修正ジョーンズモデルによって非裁量的発生高を推定し，それを会計発生高から控除して算出して会計数値への利益調整の影響を測定する。

4-2　本書の構成

4-1で示した2つの研究目的を明らかにするため本書は7つの章で構成される。以下では，図表1-4に沿って章の内容を説明する。

第1章「会計が果たす役割と利益のあり方」では，会計情報の機能と利益調整の概念について検討した。それらの内容を要約すれば次のようになる。第1章第2節では，FASBにおけるSFAC2号を検討したうえで，ASBJにおける『討議資料』を取り上げ，両者の概念フレームワークは会計情報が有する機能のうち意思決定有用性に重点を置いたものであることを示した。本書では，ASBJのフレームワークに従い会計情報の意思決定有用性を根底に議論をすすめることとした。

続く第3節では，利益調整の用語と概念を整理した。利益調整の概念では，Schipper (1998)，Healy & Wahlen (1999)，Dechow & Skinner (2000) およびScott (2003) の諸説を取り上げた。経営者による利益調整は，調整によって計

上される金額がたとえ僅かであっても，利益調整によって計上される数値そのものは経営者自身の契約を有利に進めるためのものであったり，市場における信頼を損ねないために行なうといったように自らの利を優先するものであると考えられる。そのことによって，企業に関係する利害関係者は経営者の思惑を含んだ数値によって判断をしなければならなくなり，多少なりともミスリードを余儀なくされる。

そこで本書では，Healy & Wahlen（1999）の概念にもとづき利益調整を「利益調整が利害関係者をミスリードするものである」とする視点にたって議論を進めることとした。そして利益調整の範囲は，Dechow & Skinner（2000）が示した保守的会計から積極的会計の範囲内に属するものとした。

第1章では，本書の基本となる概念のスタンスを明示したので，第2章「企業価値評価と利益調整の動機」では，企業価値評価の理論モデルと経営者が行なう利益調整の動機について検討する。ここでの検討が，第3章から第6章までの実証分析の理論的根拠となる。まず第2節「会計数値と企業価値評価モデル」では，第4章および第6章で使用する企業価値評価モデルの理論的根拠を示す。続く3節では経営者が利益調整を行なう動機について検討する。この節では，契約に関する動機と株式市場に関する動機という2つの視点から利益調整の動機をみていく。そして第4節「利益調整がもたらす企業価値説明力への影響」では，本書の研究課題を提示する。

第1章および第2章では，本書の利益調整の概念，利益調整の動機および使用する企業価値評価モデルの理論的根拠を考察する。第3章から第6章では，第1章と第2章で検討した理論や概念を前提に実証分析を進める。

本書の議論の核は，会計利益への利益調整の存在（有無）および影響（割合）が企業価値説明力に差異をもたらすか否かを検証することである。そのため，本書の第3章から第6章までの4つの実証分析では，図表1-4に示した利益調整の存在と利益調整の割合という2つの枠組みで利益調整と企業価値説明力の関連を分析する。

ここで，本書の2つの検証の軸となる利益調整の分析手法ついて説明する。

会計利益の利益調整の存在やその影響を分析する方法には，図表1-4に示したヒストグラムによるものと裁量的発生高による検証がある。ヒストグラムによる検証は，分析対象となる数値のヒストグラムを作成し，ヒストグラムの0付近の形状をみることによって利益調整の存在をみる。

他方の裁量的発生高による検証では，会計利益と営業活動によるキャッシュ・フローの差額である会計発生高に注目する。会計発生高は，利益調整が及ばない発生項目，すなわち非裁量的項目を一定のモデルによって推定して，モデルによる推定値と実際の発生項目の差を経営者による裁量的発生項目の代理変数とするものである［奥村（2006），10頁］。したがって，裁量的発生高を測定することにより，会計利益に占める裁量的発生高の割合をみることで，利益調整の影響が明らかにされる。

第1の研究目的である利益調整の存在と企業価値説明力との関連に関する検証は第3章と第4章にて行なう。そして第2の研究目的である会計数値への利益調整の影響と企業価値説明力との関連は第5章と第6章で分析する。

第3章「予測利益達成のための利益調整」では，利益調整の動機のうち予測利益達成の動機をとりあげて検証する。その理由は，わが国の上場企業のほとんどが決算短信に経営者予測利益を公表しており，アナリスト予測が主体の米国と異なり，わが国では経営者予測が身近にあり，投資家がアクセスしやすい状況にあるからである。そこで第3章では，予測利益そのものが有用であるかを確認し，予測利益情報が投資意思決定に有用であることが確認されたならば，その会計利益に対する利益調整が行なわれているか検証する。ここでは，予測値と実績値の差額でヒストグラムを作成し，そのヒストグラムの0付近の形状によって利益調整の存在を把握する。また補章では，中間決算短信と決算短信による比較分析も行なっている。

第4章「予測利益達成と企業価値説明力」では第3章の結果を踏まえて利益調整の存在の有無が企業価値説明力に差異を及ぼすか否かを検証する。具体的には，実績利益が予測利益をわずかに超過したグループとそうでないグループの会計数値の企業価値の説明力をそれぞれ測定し，両者に差異があるか否かを

16　第1章　会計が果たす役割と利益のあり方

図表1-4　本書の構成

```
┌─────────────────────────────────┐
│ 第1章　会計が果たす役割と利益のあり方 │
│　　・会計情報の機能                │
│　　・利益調整の概念                │
│　　・本書の目的と構成              │
└─────────────────────────────────┘
              ↓
┌─────────────────────────────────┐
│ 第2章　企業価値評価と利益調整の動機 │
│　〔理論的考察と研究課題の提示〕     │
│　　・企業価値評価モデルの理論的考察 │
│　　・利益調整の動機                │
└─────────────────────────────────┘
              ↓
    ┌──────────────────────┐
    │ 利益調整に関する検証 │
    └──────────────────────┘
       ↓                    ↓
   利益調整の存在        利益調整の影響
 〈ヒストグラムによる検証〉〈裁量的発生高による検証〉

┌──────────────────────┐ ┌──────────────────────┐
│第3章　予測利益達成のた │ │第5章　裁量的発生高によ │
│　　　めの利益調整      │ │　　　る利益調整        │
│・予測利益情報の有用性を│ │・当期純利益に対する裁量│
│検証したうえで，予測利益│ │的発生高の絶対値の割合を│
│達成のための利益調整が行│ │測定して，会計利益に対す│
│なわれているか否かについ│ │る利益調整の影響を分析す│
│て検証する。            │ │る。                    │
└──────────────────────┘ └──────────────────────┘
              ↓                    ↓
 ┌──────────────────────────────────────────┐
 │ 利益調整と企業価値説明力に関する検証     │
 └──────────────────────────────────────────┘
              ↓                    ↓
┌──────────────────────┐ ┌──────────────────────┐
│第4章　予測利益達成と企│ │第6章　裁量的発生高と企│
│　　　業価値説明力      │ │　　　業価値説明力      │
│・第3章の結果を踏まえて，│ │・第5章の結果を踏まえて│
│利益調整によって測定利益│ │会計利益に対する利益調整│
│を達成した企業とそうでな│ │の影響の大きさが企業価値│
│い企業の企業価値説明力の│ │の説明力に影響するか否か│
│差異をみる。            │ │を検証する。            │
└──────────────────────┘ └──────────────────────┘
              ↓                    ↓
┌──────────────────────────────────────────────────┐
│ 第7章　利益調整が企業価値説明力に及ぼす影響と残された課題 │
└──────────────────────────────────────────────────┘
```

みていく。実績利益がわずかに超過したグループが，利益調整を行なったとみなされるグループである。第4章では，利益調整を行なったグループの会計数値の企業価値の説明力をみることにより，利益調整の存在が企業価値の説明力に影響を与えているか否かを判断する。

　第5章「裁量的発生高による利益調整」では，裁量的発生高の測定にCFO修正ジョーンズモデルを使用する。そのモデルによって測定した裁量的発生高を使用して，会計利益に対する利益調整の割合をみるための比率を測定する。その比率の大きさに応じてポートフォリオを作成し，ポートフォリオごとの裁量的発生高の向きと大きさを分析する。第5章での結果を使用して，第6章「裁量的発生高と企業価値説明力」では会計数値に占める裁量的発生高の大きさに焦点をあてて，会計利益に対する利益調整の影響が企業価値説明力に差異をもたらすか否か検証する。ここでは第5章で裁量的発生高の会計利益に対する割合で分類したポートフォリオごとに，企業価値の説明力を測定する。

　以上に示した第3章から第6章で行なう4つの分析を通じて，先に示した2つの研究目的（13頁）に対する答えが提示されることになる。

　第7章では，第1章から第6章までの章の総括と本書における発見事項や本書の研究が内包する限界，そして，今後取り組むべき研究課題を提示する。

[注]

(1) 実証研究をイベント・スタディ型研究ということもある。イベント・スタディ型研究とは，資本市場研究において，投資意思決定の有用性を検証するための方法の一つである。それ以外には，Ohlson（1995）（2001）モデルを基礎とする価値関連性分析や利益情報の実際的有用性を検証するポートフォリオ研究がある［須田（2008），20頁］。
(2) 利益予測情報の1980年から2000年までの研究動向については関（2002）を参照のこと。
(3) 青木（2009）はトヨタ自動車，東急電鉄，日本経済団体連合会やリコー，通商産業省や企業会計基準委員会討議資料などをとりあげて，「企業価値」の概念を①企業価値を総合的に判断する立場と②企業価値を金額で測定できるものに限定する立場の2つに分類している［青木（2009），38-39頁］。
(4) わが国の会計学における実証研究の現状について，山本（2004）は，『會計』（2004

年10月）の中で、「日本の会計学研究では、……規範的かつ思弁的なアプローチが主流となっている［山本（2004），18頁］と述べている。しかし、現在のわが国の会計学研究は「実証分析により会計理論を構築する研究が数多くなった」［須田（2008），18頁］とあるように、実証研究が主流となりつつある。
（5） 男性かつらメーカーのアデランスは、米国の投資ファンド、スティール・パートナーズによって取締役の7人の再任案が否決された［『日本経済新聞』，2008年5月30日付朝刊］。モノ言う株主の台頭により、株主総会などにおいて議決権を行使し、取締役の解任や不再選などが従来に比べて多くなってきている。
（6） 情報提供機能の観点からの会計情報には、上場企業が金融商品取引所の要請によって決算日後45日以内に公表する決算短信がある。決算短信は、一般の投資家が利用可能な情報のなかで、最も早期に公表される企業情報であることから、投資家の意思決定においては、有用であることがこれまでの研究成果から確認されている。しかし、決算短信が注目される理由はそれだけではない。注目されるもう一つの理由は、決算短信には、当期と前期の売上高、経常利益、営業利益、当期純利益、一株あたり当期純利益、一株あたり年間配当金の実績値が記載されるほか、業績予想数値も公表される。ここの数値は、企業自らが公表していることから、経営者による予測利益と呼ばれており、投資家の意思決定に有用な情報を提供している。年次決算、中間決算のほか、最近では四半期ごとに公表する企業も増えている。『日本経済新聞』の2008年6月26日付け朝刊には、鉄鋼業界では四半期の業績見通しに一本化するという記事が掲載されている［『日本経済新聞』，2008年6月26日（朝刊）］。またそれ以外にも事前に公表した数値と著しい乖離が生じた場合には、証券取引法第166条、内閣府令第3条による定めにより、速やかに業績予想修正を公表しなければならない。業績予想修正を公表する基準は、売上高については±5％、経常利益および当期利益については±10から15％となっている。
（7） 桜井（2005）は、Beaver & Demski（1979）に依拠して、意思決定の時期を境界として、意思決定前情報と意思決定後情報に区分して、会計報告の利用目的を考察している［桜井（2005），12頁］。

意思決定前情報	企業に資金提供を行なう場合の将来の投資収益率とリスク予測
意思決定後情報	①経営者と株主 ・モニタリング（監視）活動　：財務報告制度，監査制度 ・インセンティブ（報酬システム）：業績に基づく報酬制度，ストック・オプションなど。 ・ボンディング・システム（自己規制）活動：IR活動 ②経営者・株主と債権者　：配当制限，財務制限条項 ③企業と政府 ・課税　：所得を課税標準とする納税制度 ・規制　：金融機関の自己資本比率規制

出所：桜井（2005），21頁，図表4を一部加筆修正して作成。

（8） 田中（2004）は earnings management を「利益管理」と訳し，太田（2007），須田（2007）は「利益調整」と，奥村（2006）は「報告利益管理」としている。
（9） 須田（2007）が Dechow & Skinner（2000）に依拠して作成した図表では，GAAP の領域内の "Conservative" Accounting, "Neutral" Earnings, そして "Aggressive" Accounting の3つについて，守備的利益調整，過度な利益調整，攻撃的利益調整とし，領域外の "fraudulent" Accounting については粉飾決算としている［須田（2007），22頁］。また田中（2004）では，領域内を'保守主義'会計，'中立的'利益，'積極的'会計，領域外を'不正'会計と訳している［田中（2004），24頁］。

第2章　企業価値評価と利益調整の動機

第1節　はじめに

　現代における会計情報の役割は，SFAC2号や『討議資料』の考察から，投資家の意思決定有用性へとシフトしていることが示された。会計情報が投資家の投資意思決定において有用であるか否かを検証する方法に，イベント・スタディ研究と価値関連性研究がある。前者は，会計情報が公表された時点における株価反応によって情報価値や情報内容を分析するものである。そこでは，投資家の意思決定に有用な情報は，情報を入手することによって事前の期待値を変えるような情報である［大日方（2007），161頁］。後者の価値関連性研究では，会計数値をもとに企業価値評価モデルを測定して，会計数値と企業価値との関連を分析する。

　イベント・スタディ研究は，効率的市場仮説を前提としている。効率的市場仮説では，情報公表時点においてすでに会計情報などの情報は株価に反映されているとするため，情報公表後に会計情報を使用したとしても超過収益を獲得することはできないとされる[1]。しかし，効率的市場を前提としている市場であっても変則的な状況，すなわちアノマリー[2]が存在する［須田（2003），33頁］。この状況下においては会計情報を使用することによって超過収益を獲得することが可能であるという。このアノマリーの存在が従来の効率的市場を前提とする有用性研究からファンダメンタル分析へと回帰させる契機となった。ファンダメンタル分析においては，Ohlson（1995）モデルに代表されるようなRIMが使用される［須田（2008），21頁］。

第2章の構成は次のとおりである。第2節では，企業評価の基本的モデルである割引配当モデル，割引キャッシュフロー・モデル，そしてOhlson (1995) モデルを前提とするRIMの3つのモデルをとりあげて各々を詳細にみたあとに，それらのモデルの長所と短所をみていく。第2節で検討したRIMの変数の1つに会計利益が含まれていた。したがって，RIMによって企業価値評価を行なう際には利益数値への利益調整の影響についても考慮しなければならない。そこで，第3節では，経営者が利益調整を行なう代表的な動機をとり上げて検討する。ここでは，利益調整の動機を契約に関する動機と株式市場に関する動機の2つにわけて検討する。そして第4節では，第2節と第3節の検討をもとに本書における研究課題を提示する。

第2節　会計数値と企業価値評価モデル

　企業価値関連の研究は，イベント・スタディ研究がもつ限界を補うという視点から盛んになされてきたという［大日方 (2007), 198頁］。そのため，会計数値と企業価値の関連を分析する場合には，その前提として企業のファンダメンタルな視点での分析が不可欠であったという。ファンダメンタルとは，会計数値などの企業の基礎的な条件である。そして，会計数値と企業価値との関連におけるファンダメンタルな関係の理論を提供したのがOhlson (1995) モデルである。本節では，企業評価の古典的なモデルである割引配当モデルから考察をはじめ，Ohlson (1995) モデルの理論的枠組みを考察する。

2-1　企業価値評価モデル
(1)　割引配当モデル
　企業価値評価の基本的なモデルは，将来キャッシュ・フローの割引現在価値を推定するモデルである。したがって，株主にとっての価値評価は，将来キャッシュ・フローの期待値を期待する収益率で割り引いた現在価値と等しくなると考えられる。株式所有者における将来キャッシュ・フローとは配当である。

この配当を使用して，会計数値と企業価値との関連を容易に説明できるモデルに割引配当モデル（discounted dividends model：以下，DDMと示す）がある。それでは割引配当モデルからみていくことにしよう。

最初に配当から算出する。配当は次の式で説明することができる。

$$DIV_t = NI_t \times \frac{DIV_t}{NI_t} \quad \cdots\cdots(2-1)$$

(2-1) 式の DIV_t は配当，NI_t は当期純利益を示し，右辺2項目は配当性向である。すなわち配当は，当期純利益に配当性向を乗じたものであるといえる。したがって，(2-1) 式から会計利益と配当には関連があることがわかる。また株主が期待する投資収益率は自己資本コストとなるため，自己資本コスト r_e，t 期の配当を d_t とすると割引配当モデルは (2-2) 式になる。

$$株主価値 = \sum_{t=1}^{\infty} \frac{NI_t \times \frac{DIV_t}{NI_t}}{(1+r_e)^t} = \frac{d_1}{1+r_e} + \frac{d_2}{(1+r_e)^2} + \quad \cdots\cdots(2-2)$$

次に DIV が毎期一定であるとする仮定を置くと (2-2) 式は次のように示される。

$$株主価値 = \frac{DIV_t}{r_e} \quad \cdots\cdots(2-3)$$

さらに DIV が毎期一定の成長率 (g) で成長すると仮定すると株式価値は (2-4) 式のようになる。

$$株主価値 = \frac{DIV_t}{(r_e-g)} \quad \cdots\cdots(2-4)$$

したがって，配当による株主価値評価は (2-4) 式によってなされることとなる。

(2) 割引キャッシュ・フローモデル

次にキャッシュ・フローから企業価値を評価する方法をみていこう。キャッシュ・フローによって株主評価をするモデルは割引キャッシュ・フローモデル（discounted cash flow model：以下，DCFと示す）である。このモデルは，自己資本

と他人資本の両方から生み出される将来のキャッシュ・フローを予測するモデルである。DCF は自己資本と他人資本の割引利子率を使用することによって，企業全体の評価額が算出される。自己資本と他人資本の割引利子率には，加重平均資本コスト (weighted average cost of capital：以下，WACC と示す) が使用される。DCF によって企業価値を示せば，(2-5) 式のようになる。なお (2-5) 式から株主価値を算出する際は，いうまでもなく負債価値を控除する。

$$\text{企業価値} = \sum_{t=1}^{\infty} \frac{CF_t}{(1+WACC)^t} = \frac{CF_1}{1+WACC} + \frac{CF_2}{(1+WACC)^2} + \cdots \quad (2-5)$$

ここで (2-5) 式に資本コストが毎期一定であるとする仮定をおくと (2-5) 式は (2-6) 式のように示される。なお CF_t は t 期におけるフリー・キャッシュ・フローである。

$$\text{企業価値} = \frac{CF}{WACC} \cdots\cdots\cdots\cdots\cdots\cdots\cdots\cdots\cdots\cdots\cdots\cdots\cdots\cdots\cdots\cdots (2-6)$$

これまでのモデルは，配当とフリー・キャッシュ・フローをもとに株主価値を評価するモデルであった。次にみる RIM は会計利益に関連したモデルである。

(3) R I M

RIM では，企業の価値が貸借対照表における自己資本簿価と将来における超過利益の割引現在価値の合計として示される［桜井 (2007), 250 頁］。RIM の原点は Ohlson (1995) である。Ohlson (1995) モデルでは，無限期間を対象に企業価値評価を行なったが，実際にはそうした評価は行なわれない。現実においては，ある一定期間では精度の高い予測を行ない，それ以降の遠い将来については定常状態を仮定した予測モデルによって評価を行なう［大日方 (2008), 203 頁］。そのモデルが RIM である。

RIM を展開するにあたってはまず (2-2) 式の DDM が基本となる。今，純資産額の変動がすべて損益計算書に記録される。すると期末の自己資本簿価 BVE_t は期首の自己資本簿価 BVE_{t-1} に当期純利益 NI_t を加え，配当 DIV_t を差し引いたものとなる。このことを式に示せば (2-7) のようになり，その関係は

クリーン・サープラス関係と言われる。

$$DIV_t = NI_t + BVE_{t-1} - BVE_t \cdots\cdots\cdots\cdots\cdots\cdots\cdots\cdots\cdots(2\text{-}7)$$

(2-7) 式を (2-2) の DDM に代入すれば (2-8) 式のようになる。

$$株主価値 = BVE_0 + \frac{NI_1 - BVE_0 - BVE_1}{(1+r_e)} +$$

$$\frac{NI_2 - BVE_1 - BVE_2}{(1+r_e)^2} + \cdots\cdots - \frac{BVE_n}{(1+r_e)^n} \cdots\cdots\cdots(2\text{-}8)$$

さらに (2-8) 式を整理すれば (9) 式になる。

$$株主価値 = BVE_0 + \frac{NI_1 - r_e \cdot BVE_0}{(1+r_e)} +$$

$$\frac{NI_2 - r_e \cdot BVE_1}{(1+r_e)^2} + \cdots\cdots - \frac{BVE_n}{(1+r_e)^n} \cdots\cdots\cdots(2\text{-}9)$$

となる。(2-9) 式の第1項目は現時点における自己資本簿価である。そして、第2項目の分子では、当期純利益から期首自己資本簿価に自己資本コストを乗じた金額を控除している。この $r_e \cdot BVE_0$ は当期の正常利益を示す。そして、第2項の分子は実際利益から当期の正常利益を控除したものである。これは超過利益を表している。したがって、(2-8) 式の第2項は第1期間における超過利益の割引現在価値を示し、第3項は第2期間における割引現在価値を表しており、予測期間が長くなるほど最終項は重要な意味をもたなくなる［訳書 Healy & Palepu（2001），308頁］。以上の展開から、RIM による株主価値は、現時点の自己資本簿価に将来における超過利益の現在価値を加算したものであることがわかる。

2-2　DDM・DCM・RIM の長所と短所

　2-1 では、配当、キャッシュ・フローおよび超過利益を使用した DDM，DCF および RIM の企業価値評価モデルについてみてきた。3つのモデルは、特定の仮定においていずれも同値になることが明らかにされている[3]。それでは、実際に評価を行なう際にはどのモデルが優れているのであろうか。モデ

図表2-1　DDM・DCF・RIMの長所と短所

	長　所	短　所
DDM	①概念がわかり易い。 （配当は株主が直接獲得するものであり，予測の核心をなす） ②配当額の予測が容易である。 （配当は短期間の場合かなり安定しており，配当額の短期的予測は容易）	①価値関連性に欠ける。 （配当支払は企業価値とは無関係。DDMはキャピタルゲインを直接考慮せず。） ②ターミナル価値の推定が難しい。 （短期予測でターミナル価値を正確に精算することは困難。）
DCF	①概念がわかり易い。 （キャッシュ・フローはリアルであり，理解しやすく，会計のルールに影響されない） ②計算方法が普及している。 （よく知られている純現在価値計算をそのまま適用すればよい）	①概念にいくつかの問題がある。 ・FCFは短期間で創出された価値を測定できない。（獲得した価値と喪失した価値が対応していない） ・FCFはCFを伴わない価値創出を認識できない。 ・投資が価値の喪失として扱われる。 ・FCFには清算概念が部分的に含まれている。（企業は投資を削ることでFCFを増加させることができる） ②長期予測期間を要する。 （投資後のキャッシュ・インフローを考慮するには長期間の予測が必要） ③予測値の妥当性の検証が困難。 ④一般的な予測対象ではない。 （アナリストは予測利益ではなく利益を予測する。その利益予測値をFCF予測値に修正するには，さらに会計発生高の予測が必要）
RIM	①バリュードライバーに焦点がある。 （企業価値を左右する投資の収益性と成長性に焦点を合わせている） ②財務諸表に依拠している。 （貸借対照表に計上済みの価値をモデルに組み込んでいる。将来の損益計算書と貸借対照表を予測する） ③発生主義会計を適用している。 （創出された価値をキャッシュ・フローよりも先に認識。創出した価値と喪失した価値の対応。投資を価値の喪失ではなく資産として処理） ④多様性がある。 （適用可能な会計方針は多様である） ⑤一般的な予測対象と一致している。 （アナリストは利益を予測する。その予測から残余利益を算定することができる） ⑥予測値の妥当性を検証することが可能。 （残余利益の予測値は後の財務諸表で検証可能である）	①企業会計の仕組みが複雑である。 （RIMを適用するには発生主義会計の仕組みを理解していなければならない） ②企業会計に幾つかの問題がある。 （モデルが依拠する会計数値は操作可能であり，疑わしい場合がある） ③適切な予測期間を特定できない。 （FCFモデルよりも予測は短くてすむが，望ましい予測期間は発生主義会計の質によって変化する）

出所：竹原・須田（2004），24頁の表1をもとに一部修正して作成。

ルごとの長所と短所をまとめたものが図表2-1である。

　図表2-1にあるように，3つのモデルのすべてには長所と短所が存在する。以下では，図表2-1を参考にしながら，モデル間の優劣について検討する。

　モデルの優劣については，企業評価の推定期間を無限とするか有限とするかによって解釈が異なる。無限期間を限定として3つのモデルで推定を行なった場合には，DDM，DCFおよびRIMいずれのモデルも等価であることは，先にも述べたとおりである。しかし，有限期間を設定した場合には，DDMやDCFよりもRIMによる企業価値の推定予測誤差が小さくなるといわれている［大日方（2008），203頁］。

　RIMの優位性について大日方（2008）は次の3点を示している［大日方（2008），203-204頁］。

　第1に，ターミナル・バリューが企業評価額に占める割合とその測定誤差の存在をあげている。3つのモデルのうちRIMは，企業価値評価額に占めるターミナル・バリューの割合が少ない。しかし，他のモデルはいずれもターミナル・バリューの割合が大きい。そのため予測期間が短くなるほど測定誤差は大きくなり，短期間の予測ではRIMが優れていることになる。

　第2に，いずれのモデルも短期間のフローの流列を無限の恒久流列に変換して現在割引価値を計算するという点において相違点はない。ただ，評価モデルが扱っている会計数値の要素からすれば，RIMは会計利益を使用しているという点において他のモデルよりも優れているのである。それは，会計利益は年度ごとに算出され恒常的利益として機能するからである。しかし，DDMは短期間の測定が困難であるうえに，配当の数値そのものが硬直的である。そしてDCFにあっては，フリー・キャッシュ・フローが長期の予測期間を要することや投資自体がキャッシュの喪失を示すことになるため，企業評価モデルにおける指標としてフリー・キャッシュ・フローが弱くなる傾向にある。したがって，会計利益をモデルの基礎とするRIMの優位性は，配当とフリー・キャッシュ・フローの中庸な立場にあるという点において認められる。

　上述したように，会計利益はキャッシュ・フローと比較した場合には，企業

評価にふさわしい指標であると考えられる。とはいえ，会計利益を組み込んで企業価値を推定する RIM は，図表 2-1 の短所の②にあるような企業会計における幾つかの問題が存在し，モデルが依拠する会計数値は操作可能であり，数値の信頼性が疑わしい場合もあることに注意しなければならない。したがって，RIM を企業価値評価モデルとする場合には，会計利益における利益調整の存在も考慮したうえでの検討が必要となる。

そして第三は，評価モデルで使用される予測情報の精度である。会計利益の予測についてはアナリスト予測や経営者予測が存在するため，低いコストでの予測情報の入手が可能である。そのため，そうした予測値を使用することで容易に超過利益の算定が可能となる点も RIM が他のモデルよりも優れている理由のひとつである。

以上では，企業価値評価における代表的な 3 つのモデルをとりあげ，それぞれのモデルにおける長所と短所ならびに優劣について検討した。ここまでの考察から，会計数値のうち会計利益に関連が深いモデルは Ohlson（1995）モデルを前提とする RIM であることが示された。しかし，RIM の変数となる会計利益には，経営者による裁量が反映される。そのため利益や自己資本簿価を変数に含めた RIM は，会計方法の選択や変更などの影響を受けやすいと考えられる。その点について Palepu et al.（2000）は次のように述べている［訳書 Palepu et al.（2001），287 頁］。

「……。しかしながら，ここで用いられている評価手法（RIM を示す……関）は，会計方法の選択により変化する数値—利益と簿価—を基礎としている。そうであればこの評価方法で正しい推定値が得られるのであろうか。理由はこうである。会計方法の選択は利益と株主資本簿価の両方に影響する。また，複式簿記には，利益の「歪み」がすべて最終的に必ず埋め合わされるという自己修正機能がある。だから，割引超過利益に基づく推定企業価値は，会計方法の選択自体によって影響されないのである。」

貸借対照表と損益計算書の会計数値を前提とする RIM では，Palepu et al.

(2000) が指摘したように，複式簿記の機能により数値の「歪み」はすべて修正されるため，Palepu et al. (2000) の意見に従えば会計操作の影響，利益調整の有無は RIM の評価価値自体にはあまり影響しないと言えるのである。しかし Palepu et al. (2000) の意見のように利益調整の有無が RIM の評価価値には影響しないとする意見がある一方で，利益調整などによるバイアスのある利益情報を使用して企業評価を行なうことに懸念を示す意見もある［一ノ宮 (2006), 28頁］。

第3節 利益調整の動機

第2節にて，会計利益は RIM において企業価値との結びつきが強いことを示したので第3節では最初に会計利益の構成からみていく。その後に，会計利益における利益調整の動機について検討していく。

会計利益の構成要素をみると，会計利益は図表2-2に示すような構成となっている。図表2-2のように，会計利益は，営業活動によるキャッシュ・フローと会計発生高によって構成される。ここに会計発生高とは，役務の発生時点と現金の支出入が異なる項目であり，たとえば，売上債権，仕入債務および経過勘定科目や減価償却費および引当金の計上額などの項目によって構成されるものである［須田 (2007), 89頁］。図表2-2に示したように，会計発生高は裁量的発生高と非裁量的発生高に分類される。キャッシュ・フロー数値は，経営者の判断や見積りが介入しづらく，利益数値に比べると数値の硬度が高いとされている[5]。それにたいして会計利益は，経営者の判断や裁量によって費用

図表2-2 会計利益の構成要素

会 計 利 益		
営業活動によるキャッシュ・フロー	会 計 発 生 高	
営業活動によるキャッシュ・フロー	非裁量的発生高	裁量的発生高

出所：須田 (2007), 90頁。

収益などの繰上げや繰延べ，棚卸資産や引当金などを調整することによって利益調整が可能となるのである。

したがって，経営者はなんらかの動機によって会計利益を調整[6]する可能性が考えられる。利益調整は，利益捻出型と利益圧縮型という2つの傾向から考察することもある［桜井（2008），49頁］。また利益調整の動機という視点から捉えた場合には，機会主義的動機と情報提供的動機という分類によって考察される場合もある。

そこで最初に，利益を捻出するか圧縮するかという利益調整の方向によって分類した利益捻出型と利益圧縮型の2つの視点から考察し，続いて，機会主義的動機と情報提供的動機という視点から利益調整の動機をみていく。

3-1 利益捻出型と利益圧縮型の利益調整

利益捻出型の利益調整とは，損益計算書や貸借対照表などの数値をあたかも良好であるかのように維持し，外部からの資金調達を容易に行なおうとする利益調整である。利益捻出型の調整を行なう理由について企業の資金調達を例にとって考えてみる。たとえば，株式市場では利益数値がよい企業の株価は上昇するし，反対にそうではない企業の株価は下がる傾向がある。そのため，企業が株式市場からの資金調達を効率的に行なうためには利益数値が良好であることが不可欠である。また，社債について考えるとその企業の財政状態が良好であれば，社債発行または金融機関に対する信頼性が高いと判断され，融資を有利に進められることになるのである［桜井（2008），49頁］。

それとは反対に，利益圧縮型の利益調整の目的は，節税にあると考えられている。法人税額を減少させるためには，可能な限り損益計算書における費用項目を増やし利益額を減少させる必要がある。そうした場合に，利益圧縮型の利益調整を行なわれることになる。

また企業が利益圧縮型の利益調整を行なう動機には，節税目的以外に次のようなものもある。企業が良好な利益数値を示せば，株主や従業員などの利害関係者から増配要求や賃上げ要求などの可能性が高まることがある。あるいは電

力，ガス，通信などの公益企業などの規制産業は，業績が良好な状態で料金値上げの申請を行なっても，通常は許可されない。また，政府から交付される産業育成の補助金なども所定水準を上回る業績の場合には打ち切られてしまうことがある［桜井（2008），50頁］。

以上のように，経営成績が良好で利益を計上している企業の経営者の場合は，経営成績が良好であることによるコストの支出を回避するために利益圧縮を行なう。

利益調整の動機について，利益捻出と利益圧縮という利益調整の方向から検討を行なった。上に述べたように，経営者は利益数値の良し悪しに関わらず，自己の都合に応じて利益数値を調整する動機が存在している。

3-2 機会主義的動機と情報提供的動機

利益調整の動機についてまとめたものが図表2-3である。図表2-3にあるように，利益調整の動機には，経営者が自らの利益を優先し，他を誤導するために利益調整を行なうという機会主義的動機と，経営者が企業内部の将来の業績情報を外部へ報告するために利益調整を行なうとする情報提供的動機の2つがある。また須田（2007）は，図表2-3に示したように，財務会計がもつ契約支援機能と意思決定支援機能のそれぞれを利益調整の動機に対応させて，契約支援機能に関する利益調整を契約に関する動機，情報提供的機能に関する動機を株式市場に関する動機として分類を行なっている［須田（2007），29頁］。

ここでは，はじめに機会主義的動機と情報提供的動機のそれぞれについて説明し，須田（2007）の分類［須田（2007），29頁］にもとづいて利益調整の動機の考察を行なう。

それでは最初に機会主義的動機からみていくことにしよう。機会主義的動機とは，プリンシパルを株主，エージェントを経営者とみなすエージェンシー理論をもととする。エージェンシー理論によれば，エージェントが自己利益を優先させるという機会主義的な行動を行なうということを前提とし，そうした行動からプリンシパルの利害を守るための役割を果たすものが会計であるとする

[山本 (2004), 54 頁]。したがって，会計が果たす役割は，エージェントの機会主義的行動を制約し，契約を履行させて報告する手段にある。そのため，会計の存在は，契約の効率性に影響を及ぼすことになり，最終的にはプリンシパルたる企業そのものの効率性にまでも影響を与えることになる。

利益調整の動機を考察する際には，うえに述べたエージェンシー理論が前提とされ，プリンシパルたる株主とエージェントである経営者には情報の非対称性の存在があることを忘れてはならない。情報の非対称性の存在は，経営者側は情報が豊富な状況にあるため，常に会計上の裁量の余地が生み出されることになるのである［山本 (2004), 56 頁］。

エージェンシー理論のもとでは，経営者が利己的な行動をとることが前提とされ，プリンシパルがエージェントの行動をモニタリングする際の契約の履行状況を確認するための手段として会計情報を利用する。そのため，エージェンシー関係を効率的に維持するためのシステムとして会計が研究対象とされる［須田 (2000), 30 頁］。

図表 2-3　利益調整の動機

	機会主義的動機	情報提供的動機
太田	［例］ ①経営者の報酬契約 ②財務制限条項が付与された債務契約 ③政府契約のための政治コストの削減	［例］ ①短期的には利益減少になるが，長期的にみた場合には企業にとって利益増加につながるという自信から，当期の利益を増加させる利益調整。 ②想定外の経済事象により大きな損失を計上するが，将来業績には影響しないことを外部へ伝達するため有価証券などの資産を売却することにより損失を補塡するような利益調整。
須田	↓ 契約支援機能 ↓ 契約に関する動機	↓ 意思決定支援機能 ↓ 株式市場に関する動機

出所：太田 (2007) 128 頁，表 1 および須田 (2008) 29 頁をもとに筆者が修正して作成。

機会主義的動機の内容は，図表2-3の①から③の例にもあるように契約に関連するものである。他方の情報提供の動機は，企業内部と企業外部の利害関係者の情報の非対称性を是正するために行なわれており，企業にとってプラスのイメージをもつ動機であると考えることができる[7]。

しかし，後に考察するように，情報提供的動機は，必ずしも企業の内部と外部者の情報格差の是正のみに行なわれる場合ではないこともある。Healy & Wahlen (1999) が，利益調整は企業の基礎的な経済パフォーマンスについて利害関係者をミスリードするため [Healy & Wahlen (1999), p. 368] としているように，経営者が利害関係者をミスリードするような利益調整を行なうこともありうるからである。

先に示した契約支援機能と意思決定支援機能のそれぞれを機会主義的動機と情報提供の動機に対応させれば，図表2-3の網かけのようになる。以下では，機会主義的動機に関連した契約に関する動機と情報提供的動機に関連する株式市場に関する動機を検証する仮説についてそれぞれみていくことにしよう。

(1) 契約に関連した動機

① 債務契約仮説

最初に債務契約仮説をみていく。企業が社債発行によって資金調達を行なう場合，経営者は，自己の利益を優先させるためハイリスクな投資を行なったり現金配当を増加させるなど，債権者にとって不利な経営を行なう可能性がある。ここに経営者と債権者のモラルハザードが生じる。債権者は，償還不能となるような自らにとって不利益となる行動を防止するため，経営者と契約を取り交わす。経営者も債権者の要求を承諾することによって，取引コストを下げようとする。このとき，会計情報がモニタリング手段を担うこととなる。具体的には，負債比率やインタレスト・カバレッジなどの安全性に関わる指標や配当制限などによって，企業の行動を制約する規定を債務契約に設ける。こうした債務契約に付された制限事項を財務制限条項[8]という。[大日方 (2008), 228頁]。

債務契約仮説とは，財務制限条項に抵触しそうな企業が，契約違反を回避す

るために，会計利益を増加させるように会計方針を選択するというものである。また，企業は会計方針の選択のみならず，会計発生高の見積りによっても財務制限条項への抵触を回避することも可能である。実際に，これまで債務契約仮説を検証した従来の研究において，財務制限条項に抵触しそうな企業が，利益調整を行なうことが明らかにされている［須田（2007），31頁］。

たとえば，DeFond & Jiambavlo（1994）が財務制限条項に抵触した米国企業94社の裁量的発生高を調査した結果，条約違反の企業の前年度における裁量的発生高が有意にプラスの値であることが示された［DeFond & Jimbavlo（1994），pp. 173–174］。またわが国の債務契約における利益調整を分析した須田（2000）によると，財務制限条項に抵触した企業のサンプルをコントロール企業と非コントロール企業に分けて分析した結果，条項に違反した企業の裁量的発生高は，違反の直前の年度に統計的に有意に正の値を示していたという［須田（2007），31頁］。これら2つの分析結果は，財務制限条項に抵触する恐れのある企業は，抵触回避のために利益調整を行なっていることを示すものであり，債務契約仮説を支持する結果である。

② 報酬契約仮説

次に考察するのは，報酬契約に関する利益調整の仮説である。株主と経営者のモラルハザードを抑制するためのインセンティブ・システムには経営者の報酬契約がある。その報酬契約のために利益調整を行なうとする仮説が報酬契約仮説である。

報酬契約仮説とは，「他の条件が等しい場合に利益連動型ボーナス制度のある企業の利益が，当該制度で設定した目標利益額を超えて，かつボーナスの上限額を下回る場合，その企業の経営者は利益増加型の利益調整を行なう」とするものである［須田（2007），31頁］。そして，目標利益を超えない場合やボーナス支給の上限額を超過した場合には，利益を次期に繰り延べることによって利益減少型の利益調整を行なうとされている。

インセンティブ・システムとしての報酬制度には，インセンティブの業績尺度を株価か会計利益にするかによって，株価連動型報酬制度と利益連動型報酬

制度がある。業績尺度を株価に求めた場合，株価は，為替や金利動向や社会情勢などの企業を取り巻く環境を起因とする不確実性に拠るところが大きいため経営者の努力の及ばない要因が多く含まれる。それに対して会計利益は，通常，経営者の努力としての業績尺度として利用され，経営者の努力との関連も高い。しかし，投資家からみた場合，会計利益は操作可能であり，経営者の恣意性が介入する余地が大きいと考えられる[9]。したがって，会計利益と株価と比較した場合，数値の操作可能性という点において信頼性が低くなるが，投資家は監査済みの会計報告を利用することによって，追加的なモニタリング・コストは比較的少なくすむ［大日方（2008），231頁］。

　実証研究の結果から，報酬契約に関わる利益調整の存在が確認されている。Holthausen et al.（1995）は，米国企業の1982年から1990年までのボーナスデータを使用して，CEOのボーナスを次の3つに分類して分析を行なっている。(a) ボーナスゼロのサンプルを74件，(b) ボーナス支給がなされ最大額未満のサンプル251件，(c) 最大額のボーナス支給のサンプル57件を識別して，それぞれのサンプルについて裁量的発生高を計算している。その結果，(a) と (c) の裁量的発生高の平均はマイナスとなり，(b) の裁量的発生高の平均はプラスとなった。またGuidry et al.（1999）は，米国の多国籍企業について事業部ごとに報酬契約仮説についての検証を行なっている。Guidry et al.（1999）の結果も，報酬契約仮説を支持するものであった。したがって，経営者はボーナス獲得を動機とする利益調整を行なっていることを示している［Guidry et al.（1999），p. 140］。しかし，日本は米国と異なり経営者報酬契約が利益と連動している企業が少ない。そうした状況では，報酬契約仮説を検証することは難しいと考えられる。

③　政府契約仮説

　債務契約仮説および報酬契約仮説は，主に，株主，債権者と経営者に関連する利益調整の仮説であった。これからみる政府契約仮説[10]は，行政機関と企業に関連する利益調整の仮説である。それでは政府契約仮説についてみていくことにしよう。この仮説は，プリンシパルが行政機関，エージェントを企業と

図表2-4　業種ごとの規制

業　種	規制内容など
金融（銀行・証券・保険）	金融システムの維持
エネルギー（電気・ガス）	料金規制とエネルギー安全保障
運輸（鉄道・航空）	料金規制と安全運行の確保
通信（電話・放送）	料金規制と通信システムの維持
建　設	入札制度の効率性の確保

出所：大日方（2008），236-237頁を参考に作成

して，両者のエージェンシー・コストの削減に会計情報を利用するというものである。行政機関が，企業行動を規制するために行なう政策決定や政策遂行に関わるモニタリングの具体例は図表2-4のとおりである。

　図表2-4に示されるように，金融，エネルギー，運輸，通信および建設などの業種には様々な規制があることがわかる。一般に，エネルギー，運輸および鉄道などの業種では，利益が大きくなると，料金引下の行政指導，活動の制限などといった行政機関からの指導の可能性が高くなる。そのため，経営者は規制回避のために利益を減らす利益圧縮型の利益調整を行なう動機をもつと仮定される。ここに政府契約仮説とは，「政治コストが大きい企業の経営者ほど，利益減少型の利益調整を行なう」というものである［須田（2007），32頁］。

　ここで政府契約仮説を検証した2つの研究をみていこう。Jones（1991）は，米国の企業を対象に国際貿易委員会が調査を行なう年度における裁量的発生高を分析している。国際貿易委員会とは，輸入品の急増で国内産業が苦境に立たされていると判断した場合に，緊急輸入制限措置を勧告する委員会である。Jones（1991）は，1980年から1985年の間で被害調査の対象となった企業23社の裁量的発生高を測定した結果，調査年度の裁量的発生高がマイナスで有意であることが明らかにされた。しかし，調査年度前後の年度の裁量的発生高は統計的に有意ではなかった［Jones（2001），p.223］。Jones（1991）の結果は，政治コストが大きく変化する時点の利益調整では，利益減少型の利益調整を行なうという証拠を提示したのである［須田（2007），32頁］。

Han & Wang (1998) は，石油価格の高騰期における石油精製会社の裁量的発生高を分析して政府契約仮説を検証している。Han & Wang (1998) は，1990年のクェート侵攻を契機とした石油およびガソリン価格の高騰期には，石油精製会社の裁量的発生高はマイナスになることが明らかにされた。これに対し，類似業種のガス会社における裁量的発生高は大きな変化は見られなかったという。したがって，Han & Wang (1998) の結果は，異常事態によって製品価格が上昇している企業は，政治的な圧力を最小限にとどめるため利益減少型の利益調整を行なうことを明らかにしている［Han & Wang (1998), pp. 114-115］。

以上では，契約に関する動機の 3 つの仮説をみてきた。これらの仮説からは，利害関係者がそれぞれの動機にもとづいて，有利に契約を取り交わしていることが示された。以下においては，利益調整のもう 1 つの動機である株式市場に関連した動機についてみていこう。

(2) **株式市場に関連した動機**

利益調整の動機という場合は，上述したような債務契約，報酬契約および政府契約などといった契約との関連で議論されることが多かった。しかし近年では，経営者による利益調整の動機は契約を前提として行なわれるよりもむしろ，企業が株式市場におけるインパクトを意識して利益調整が行なわれるようになっている。そのため，利益調整の動機についても株式市場と利益調整との関係が取り上げられるようになってきた。

効率的市場仮説を前提としたイベント・スタディの検証において，アーニング・サプライズ効果が確認されている。アーニング・サプライズとは，市場が事前に予測していなかった利益情報が公表されると，株価が異常な変動をするというものである［伊藤 (2006), 65 頁］。つまり企業が公表した利益数値の良し悪しによって，市場における反応が決まるのである。具体的には，事前に期待した数値と実際に公表された数値が，期待よりも良い情報であれば株価は上昇し，悪ければ下降するということである。こうした事実から，経営者は会計情報の利益調整を行なうことによって，自らの企業が有利となるようにする。これを図に示せば図表 2-5 のようになる。期待値と実績値の差異が期待外利益

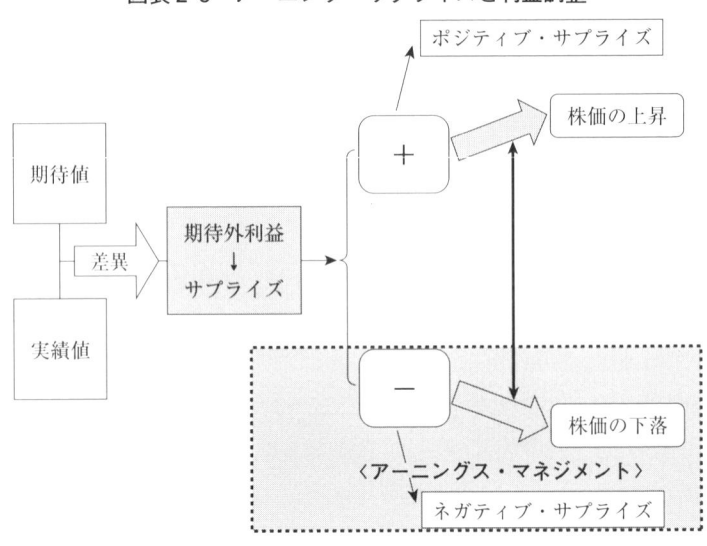

図表 2-5　アーニング・サプライズと利益調整

であり，これがアーニング・サプライズと呼ばれるものである。このとき，期待値と実績値の差異がプラスであれば，ポジティブ・サプライズと判断され，株価が上昇する。それとは反対に，期待値と実績値の差異がマイナスの場合には，ネガティブ・サプライズとなり株価が下落するのである。

伊藤（2006）は，ソニーの公表した利益が事前の予測値に満たなかったために株価が急落した事例として 2003 年の「ソニーショック」をとりあげ，アーニング・サプライズを紹介している［伊藤（2006），65 頁］。伊藤（2006）は，ソニーの株価が下落した理由に，①ソニーの情報開示の姿勢とマネジメントそのものへの失望，②事前の予測値との差異が 1,000 億円であったにもかかわらず業績予想修正を公表しなかったことをあげている。そして，業績予想修正を行なわなかったことが，投資家を軽視したと市場がみなし株価が下落したと述べている［伊藤（2006），65 頁］。

「ソニーショック」にみられるようなマイナスへのアーニング・サプライズすなわち，ネガティブ・サプライズを回避するために，経営者は会計方針を変更したり，利益調整を行なっている。そしてこのような会計情報の発表に対す

る市場の反応を考慮して行動を制御することを，フィードバック効果という。したがって，経営者は期待値とされる数値に合わせるように利益調整を行ないマイナスのアーニング・サプライズを回避する。

　マイナスへのアーニング・サプライズを回避するための利益調整については上述したとおりであるが，日本および米国の実証研究の結果から，経営者が利益調整を行なう動機は次の3つであることが示されている。それは，①当期純利益がわずかにマイナスになりそうなとき，②当期純利益が前期報告利益をわずかに下回るとき，③アナリスト予測利益を達成できないとき，の3つである［須田（2007），34頁］。したがって経営者は，①損失回避，②減益回避，③アナリスト予測利益達成のために利益調整を行ない，株式市場における自らの企業の立場を有利な状況においている。

　経営者がベンチマークとして達成する目的を調査した研究にGraham et al.（2005）がある。彼らは，米国企業の最高財務責任者（CFO）を対象にベンチマークに関する調査を行なった。調査では，「四半期利益数値を公表するときに貴社がベンチマークとする数値はどれか？」という質問を行なっている［Graham et al.（2005），p. 22］。その質問への回答からベンチマークとして重視している指標は，①前年度の同一四半期の利益，②直近期のコンセンサスアナリスト予測利益，③0以上の利益，④直前の四半期利益の順番であることが明らかにされた［Graham et al.（2005），p. 22］。

　さらにそうしたベンチマークを達成する理由について「貴社が利益ベンチマークに合わせるように試みるのはなぜですか？」という質問も行なっている。それに対する回答9つのうち上位6つは株式市場に関連する理由であり，残り3つの理由が契約に関連する理由であった。

　株式市場に関連した利益調整を行なう動機の理由は，①資本市場における信頼性を確保する，②株価を維持あるいは増加させる，③経営チームの外部への評判，④将来の成長性を投資家に伝える，⑤株価変動を維持あるいは減少させる，⑥事業が安定しているということを顧客や納入業者へ示すである［Graham et al.（2005），p. 25］。

以上，利益調整の動機について，契約に関連した動機と株式市場に関連した動機の2つについてみてきた。Graham et al. (2005) の調査にあるように近年では，利益調整が契約に関連した動機より株式市場に関連した動機にもとづいて行なわれる傾向が強くなっている。利益調整によってベンチマークをわずかに上回った場合には，市場ではプラスのアーニング・サプライズが生じるのである。

しかし企業価値と会計数値との関連を考慮したとき，利益調整によってベンチマークを上回った企業の会計数値は，その分，会計数値の値が企業の実体から乖離したものとなる。そのため，利益調整をした企業の会計数値は，企業価値を正確に説明することが困難であると考えられ，それらの企業の企業価値説明力は低くなると考えられるのである。

第4節　利益調整がもたらす企業価値説明力への影響

第2章では，第3章以降の実証分析で使用する企業価値評価モデルと利益調整の動機について考察を行なった。第4節では，第2節および第3節の要約を行ない，本書で検証する研究課題について示すことにする。

第2節では，第4章と第6章の分析で使用する企業価値評価モデル RIM の理論的な根拠を明らかにするため3つのモデルの比較検討を行なった。そこでは，配当，キャッシュ・フローおよび会計利益をもとに企業価値評価モデル DDM，DCF および RIM について検討し，それらのモデルでは，モデルで使用する会計数値が異なるものの，無期限を前提とする企業評価では同値になることが示された。その一方で，有限期間における評価では，ターミナル・バリューや恒久流列の推定の容易さ，予測情報のレベルなどがモデルの優劣に影響を及ぼしていることが明らかにされた。そして，有限期間におけるモデルの優劣では，3つのモデルの中で RIM が優れていることも示された。

しかし，RIM の優位性が示される一方で，図表2-1にあるように，RIM に

使用される会計数値が会計利益であることから，経営者による恣意性が含まれるという点に注意しなければならないことも指摘した。したがって，RIMで企業を評価する場合には，会計利益における利益調整の影響も視野に入れて分析することも必要であると考えられる。なお，本書の第4章と第6章では，第2章第2節で検討した3つのモデルのうち会計利益を使用するRIMを理論的前提にもつ株価モデル[11]を使用する。

第2節で，会計利益と企業価値との関連が示され，また会計利益を前提とするRIMの短所としては会計利益には経営者による恣意性が反映されることが示された。そのことをうけて，第3節では経営者が会計利益に対して恣意的な行動を行なう場合，その背景には，どういった動機があるかについて検討した。

第3節では最初に，利益増加型か利益圧縮型かという利益調整の傾向について説明を行なった。そのうえで，利益調整の動機には機会主義的動機と情報提供的動機があり，それぞれに対応させて，契約に関連する動機および株式市場に関連した動機とに分類して考察を加えた。前者の契約に関連する動機では，債務契約仮説，報酬契約仮説および政府契約仮説をとりあげた。後者の株式市場に関する動機では，経営者が前期利益や予測利益などのベンチマークを満たせない状況にある場合に，株式市場におけるマイナスのアーニング・サプライズを回避するための利益調整行動をとることも示した。特に近年の研究結果からも株式市場に関する動機のほうが利益調整の動機として強くなっていることが報告されている。

以上が，第2節および第3節の要約である。2つの節の検討結果をまとめれば，次のようになる。RIMは会計利益を使用したモデルであり，他の会計数値を根拠とするモデルと比較すれば，予測期限の長短に関わらず優れたモデルである。しかし，会計利益をもとに企業価値を推定することから，経営者による恣意性が介入する恐れも存在する。モデルで使用される会計利益数値は経営者によって調整されることもありうるのである。そのため，利益調整の影響如何によっては，企業価値を歪めることにもなりかねない。一ノ宮（2006）は，

企業評価にバイアスのある利益情報を使用することにおける誤った企業評価の危険性を指摘している［一ノ宮（2006），28頁］。その一方，どのような会計数値が使用されようと，複式簿記における自己修正機能によって会計数値がもつ歪みはすべて修正されるため評価自体に歪みは影響しないとする Palepu et al. (2000) の見解もある。

利益調整の存在や会計数値における利益調整の程度が，企業評価に影響するか否かという意見は分かれるところであるが，ここで経営者の利益調整に関する興味深い指摘を示そう。岡部 (2004) によれば，市場では，期待外利益がマイナスになった場合において，期待利益達成を失敗したという点が強調されるのみで，マイナスとなった金額の大小はさして重要なこととはみなされないという［岡部（2004），31頁］。したがって，岡部 (2004) に従えば，減損回避，減益回避および予測利益達成であれ，事前に設定したベンチマークをわずかに上回ることのみが重要なのである。すなわち，事前の期待値を僅かに上回った企業こそがもっとも利益調整を行なった可能性が高く（動機が強く），その領域にある企業の会計利益こそがもっとも利益調整の影響を強くうけていると考えられることとなるのである。果たして，利益調整の存在と会計数値に対する利益調整の影響は企業価値の説明力に差異をもたらしているのであろうか。その問いに答えるのが本書の研究課題である。

そこで本書では，研究課題に答えるために企業価値説明力に関する利益調整の影響について次の2点から検証を行なう。第一が，利益調整の存在である。そして第二が，会計利益に対する利益調整の程度すなわち影響である。これら2つの視点で利益調整を捉えて，利益調整の存在と程度が企業価値説明力に差異をもたらすか否かについて分析を行なう。

第一の利益調整の存在が企業価値説明力に差異をもたらすか否かについての検証では，予測利益を達成したと思われる企業とそうではないと思われる企業に分類して，それぞれの企業価値説明力を推定する。そして両者の会計数値説明力に差異があるか否かを検証する。この検証は，第4章で行なう。利益調整の存在が企業価値の説明力に影響を及ぼすとすれば，わずかにベンチマークを

上回った企業は利益調整を行なった可能性が高く，その企業群の説明力は低下すると考えられる。本書ではいくつかある利益調整の動機のうち，予測利益達成のための動機を取り上げる。その理由は，わが国では決算短信を通じて予測情報を入手しやすい状況にあるからである。ところで本書では，ベンチマークとして予測利益を取り上げる前に，予測利益情報そのものの有用性についても検証する。予測情報が投資家の意思決定において有用であることが明らかにされることは，経営者が予測利益達成のために利益調整を行なうとする動機が強く存在することの証拠となるからである。

　第二の会計利益における利益調整の程度が企業価値の説明力に差異をもたらすか否かについては，第5章で非裁量的発生高を推定するモデルを使用して利益調整の程度をみるため裁量的発生高を測定し，その数値が会計利益に対してどの程度の割合であるかをみる。その上で，会計利益に占める裁量的発生高の割合の大小が企業価値の説明力に差異を与えているか否かの検証を第6章で行なう。会計数値に対する利益調整の程度が企業価値説明力に差異をもたらすか否かの検証では，裁量的発生高を計上することによって，損失を回避した企業や損失額を減少させた企業の企業価値説明力は低下すると予想される。なぜなら，そうした企業は，そうではない企業と比較して利益調整を行なう動機を強く有していると考えられるからである。

　本書では利益調整の存在と会計利益に対する利益調整の程度という2つの視点から，会計数値に対する利益調整の影響が企業価値への説明力に与える影響について検証する。本書では，研究課題の検証に際して，利益調整の存在は企業価値の説明力に差異をもたらし，会計数値に対する利益調整の程度も企業価値の説明力に差異をもたらすというスタンスで検証をすすめる。

第5節　む　す　び

　第2章では，企業価値評価モデルならびに利益調整の動機について検討した。本章の第2節と第3節での検討をもとにして第4節では，本書が果たす研

究課題を導出した。研究課題の一つ目は予測利益達成のための利益調整の存在が企業価値説明力に差異をもたらすか否かであり，二つ目が会計数値への利益調整の程度が企業価値説明力に影響するか否かである。それらの研究課題に対する答えは，第3章から第6章までの4つの章で行なう実証分析で明らかにされることになる。

第4節で示した研究課題のうち一つ目の利益調整の存在と企業価値説明力の関連に関する分析については第3章と第4章で行なう。そして二つ目の会計利益への利益調整の影響と企業価値説明力の関連については第5章と第6章の2つの章で分析を行なってゆく。

[注]

(1) 従来のイベント・スタディ研究では，会計情報などが公表されたイベント日前後の数日の長さをリターンウィンドウとして分析を行なった。しかし波及効果などが存在する場合には他の情報によるリターンが現われる可能性がでてくる。そこでイベント日を特定せずに決算公表の翌月から1年間のリターンと会計情報との関連を調査するという方向へと分析方法が変更された。こうした分析を return association study という[大日方 (2008), 169 頁]。この方法であれば従来の分析手法が内包していた問題点を軽減することが可能となる。
(2) アノマリーとは，効率的市場仮説などの理論的枠組みでは合理的な説明ができない現象を示す。アノマリーな状況下においては，公表された会計情報を使用することによって超過リターンの獲得が可能であり，そのリターンをアノマリーという。アノマリーの意義およびアノマリーに関する実証研究の結果については大日方 (2008) に詳しい。
(3) 桜井 (2007), 256 頁, 大日方 (2008), 201 頁を参照せよ。
(4) 桜井 (2007) では，3つのモデルの優劣について，定性要因と定量要因に分けて説明している[桜井 (2007), 256-257 頁]。
(5) 利益情報とキャッシュ・フロー情報の有用性に関する67の実証研究の結果を将来の利益との関係，将来キャッシュ・フローとの関係，リターン，企業価値との関係，その他の4つに分類して，研究と研究概要を述べている有益なサーベイである[斉藤 (2002), 381-388 頁]。
(6) 首藤 (2007) は，損失回避，減益回避および予測利益達成の3つの動機について，契約環境と証券市場という2つの視点からの分析を行なっている。分析では，次の各要因を用いている。契約に関する要因としては経営者報酬，経営者交代，財務制限条項および黙示的請求権を，証券市場に関する要因としてはエクイティ・インセンティ

ブ，利益の株式価値関連性，成長性および直接金融，コントロール変数として企業規模とキャッシュ・フローおよび年度である。分析結果からは，契約に関する利益調整の動機は主に損失回避の利益調整行動であることが明らかにされた。その他，減益回避と予測利益達成の動機には類似性が高いことが示され，証券市場に関する要因の影響が強いという結果を報告している［首藤（2007），76‒92 頁］。
（7） 太田（2007）は，機会主義的動機について「企業や経営者は自らを利するために利益調整を行うとするもの」とし，これらの動機に関しては，経営者の悪意が示唆されるとしている。それに対し，情報提供的動機については，主体者側の善良な意図によるものとしている［太田（2007），128‒129 頁］。
（8） 社債発行にあたり，1996 年 1 月に「適債基準」が撤廃されるまでは「財務制限条項」という条項により①担保提供制限条項，②純資産維持条項，③利益維持条項，④配当制限条項，⑤担保切換条項などを付していた。しかし，適債基準が廃止されてからは，財務制限条項を自由に設定できることとなった。そして，現在ではこうした財務上の取決めを「財務上の特約」と呼んでいる。
（9） わが国における数少ない経営者報酬と会計利益の関連を調査した研究に乙政（2004）がある。乙政（2004）は，1986 年 3 月から 1999 年 3 月までにわたる長期間のサンプルを利用し，日本における経営者報酬と会計利益との関連を調査した。乙政（2004）の調査結果から，当該年度の利益が前期の利益を越えるほど経営者報酬は増大するということが明らかにされ，会計利益と経営者報酬との間にプラスの相関関係があることが示された［乙政（2004），70 頁］。
（10） 大日方（2008）では，政府契約仮説ではなく政治的費用仮説という用語を使用している［大日方（2008），239 頁］。
（11） 太田（2005）は RIM を理論的根拠にもつモデルを株価モデルと呼んでいる［太田（2005），179 頁］。

第3章 予測利益達成のための利益調整

第1節 は じ め に

　利益調整の動機のうち近年では株式市場に関連した動機による利益調整が行なわれる傾向にあることを第2章で示した。株式市場に関連した動機には，減益回避，損失回避および予測利益達成のための動機があったが，第3章では，予測利益達成のための利益調整を取り上げて検証を行なう。その理由は，わが国の上場企業が，決算発表時に配布する決算短信の中に主要な会計数値の次期の業績予想数値が記載され，投資家は予測情報を容易に入手することが可能だからである。そのため，わが国では業績予想数値すなわち経営者予測に関する研究が多く，本章でも経営者予測を分析することとした。

　たとえば1990年代には，効率的市場仮説を前提とした会計情報の有用性に関する研究のひとつである予測利益情報の有用性の検証が，桜井・後藤(1992)，後藤(1993)および河(1994)などによって行なわれた。それらの研究成果は，一貫して予測利益情報の有用性を支持していた[1]。そして，会計数値と企業価値の直接的な関連性[2]を調査した分析では予測利益が他の会計数値と比較して企業価値と高い関連性を有しているとする証拠もいくつか示されてきた。また，2000年以降は利益調整という視点からも予測利益情報は分析され，須田・首藤(2001)や乙政(2005)からは予測利益が経営者の一つのベンチマークとして利用されていることなども明らかにされた。

　上述のとおり，わが国では決算短信に予測数値が公表されることから予測利益情報の研究の蓄積はある程度なされ，首尾一貫した結果も報告されている。

しかしこれまでになされた分析の多くは，単独決算が主体の時代になされた研究であった。そこで第3章では，連結決算が導入された直後3年間における連結予測利益情報の有用性を検証して，その上で予測利益達成の利益調整が行なわれているか否かを明らかにする[3]。

第3章の構成は次のとおりである。第2節で予測利益情報の有用性と予測利益達成のための利益調整について調査した研究をレビューする。そして第3節では分析手法およびサンプルについて説明し，第4節では，分析結果を解釈して，第5節では本章の要約と限界について述べる。

第2節　予測利益情報の有用性と予測利益達成のための利益調整

第2節では，最初に予測利益情報が有用であることを実証した先行研究のレビューを行ないそのうえで，予測利益達成のための利益調整の検証を行なった研究をレビューする。

2-1　予測利益情報の有用性

2-1では，予測利益情報の有用性を検証した先行研究の結果をレビューする。予測利益情報の有用性の検証では，予測利益が市場に対してインパクトを与えているかという株価反応の分析，情報内容分析，さらには，実績値と予測値のどちらがより株価に影響を与えているかという増分情報内容分析の3つが行なわれている。

1つめの予測利益情報に関する株価反応に関する分析の初期の研究に1970年代の Foster (1973) がある。Foster (1973) は，自発的に公表された68の経営者予測のサンプルを使用し，決算情報公表前に予測情報を公表した場合には，実績情報より予測情報に株価反応があることを取引高による Beaver 型分析によって明らかにした [Foster (1973), pp. 30-31]。そして，Foster (1973) の研究からは，予測値の公表よりも公表された情報内容に市場が反応しているこ

第2節　予測利益情報の有用性と予測利益達成のための利益調整　49

とを示した。

　予測情報の情報内容を分析した研究にWaymire（1984），後藤・桜井（1993）がある。Waymire（1984）は，*Wall Street Journal*に掲載された479の一株当り利益の経営者予測を使用して，株価変動と予測偏差の符号の向きとの関連を分析した［Waymire（1984），p.705］。Waymire（1984）の結果からは，予測偏差がプラスのグループは株価も上昇し，マイナスのグループについては株価も下降し，予測偏差と株価変動の間に関連があることを確認した［Waymire（1984），p.710］。わが国では後藤・桜井（1993）が，決算短信に含まれる予測利益と実績利益を用いて分析を行ない，Waymire（1984）と同様に，符号の向きと株価変動との間には，首尾一貫した関連があることを確認した［後藤・桜井（1993），81頁］[4]。

　増分情報内容を分析した研究に，Pownell & Waymre（1989），後藤（1993）およびConroy et al.（1998）がある。Pownell & Waymre（1989）は，1969年から1973年までに*Wall Street Journal*に実績値と予測値を掲載した134社を対象に増分情報内容を分析し，実績値に比べ予測値のほうが株価に対して影響を与えていることを明らかにした［Pownell & Waymre（1989），pp.238-239］。わが国では年次決算短信と中間決算短信の増分情報内容を分析した研究に後藤・桜井（1993）と後藤（1993）がある。この2つの研究結果からも，実績値より予測値のほうが株価に対して影響力があることが示された。そして，Conroy et al.（1998）も同様の結果を報告している［Conroy et al.（1998），p.242］。さらに後藤・桜井（1993）では，経常利益のほうが当期純利益よりも株価変動との関連性が強いという証拠も提示した［後藤・桜井（1993），86頁］。

　2-1でのレビューからは，予測情報が有用であり，実績情報と予測情報では予測情報のほうが株価に対する影響が強いことも示された。ここで取り上げた以外のわが国市場の予測情報の有用性を検証した実証研究をまとめたものが図表3-1である。

図表3-1　1990年代のわが国の予測利益情報の有用性に関する実証分析

＜経営者利益予測の情報効果＞
高橋（1990）　　　　　　　　月次分析 分析期間・データ数・データ源：1988-1989，1172，決算短信，中間決算短信 研究目的：株価動向 分析項目：経常利益 分析手法：累積平均超過収益
後藤・桜井（1993）　　　　　月次分析 分析期間・データ数・データ源：1977-1991，8424，日経新聞 研究目的：株価動向，実績利益と予測利益の増分情報分析 分析項目：経常利益，当期純利益，総資本経常利益率，自己資本純利益率 分析手法：回帰分析
後藤（1993）　　　　　　　　日次分析 分析期間・データ数・データ源：1977-1990，5744，決算短信，中間決算短信 研究目的：アナウンスメント効果，実績情報と予測情報の増分情報分析 分析項目：一株当り経常利益 分析手法：平均残差，回帰分析
Conroy et al.（1998）　　　　日次分析 分析期間・データ数・データ源：1985-1993，5928，日本経済新聞，『会社四季報』 研究目的：株価動向 分析項目：利益 分析手法：平均残差，回帰分析
＜業績予想修正の情報効果＞
桜井・後藤（1992）　　　　　日次分析 分析期間・データ数・データ源：1989-1990，619，業績予想修正 研究目的：アナウンスメント効果，改訂後予測正確性の分析 分析項目：売上高，経常利益，純利益 分析手法：市場リターン控除法，回帰分析
後藤・桜井（1993）　　　　　日次分析 分析期間・データ数・データ源：1989-1992，994，業績予想修正 研究目的：アナウンスメント効果，株価動向，予測改訂率と株価変化率の関係 分析項目：経常利益と純利益 分析手法：市場リターン控除法，重回帰分析
河（1994）　　　　　　　　　週次・日次分析 分析期間・データ数・データ源：1989-1992，1945，業績予想修正に関するファイリングデータ 研究目的：アナウンスメント効果，各業績数値の情報効果 分析項目：売上高，経常利益，純利益 分析手法：2指標モデルによる異常収益分析，重回帰分析
＜アナリスト予測の情報効果＞
山田（1994）　　　　　　　　日次分析 分析期間・データ数・データ源：1990-1993，165，日経金融新聞 研究目的：実績利益と予測利益の増分情報分析 分析項目：経常利益 分析手法：回帰分析
山田（1995）　　　　　　　　日次分析 分析期間・データ数・データ源：1989-1994，254，日経金融新聞 研究目的：アナウンスメント効果 分析項目：― 分析手法：超過リターン
関（1999）　　　　　　　　　日次分析 分析期間・データ数・データ源：1997-1998，258，連結決算短信，日経金融新聞 研究目的：連結決算短信および日経金融新聞のアナウンスメント効果，実績利益と予測利益の増分情報分析 分析項目：経常利益，当期純利益，一株当り純利益 分析手法：平均残差，回帰分析

出所：関（2002）197頁，表2。

2-2 予測利益達成のための利益調整

2-2では，経営者が予測利益達成のため利益調整を調査した研究を概観する。利益調整行動の分析には，利益分布の状況によって利益調整を判断する方法，会計発生高によって検証する方法，裁量的発生高を調査する方法など様々な手法[5]がある。第2章では，分布状況によって利益調整を検証する方法で分析を行なう。この分析方法は，ヒストグラムの分布形状によって利益調整の存在を視覚的に判断し，標準化差異検定による2つの手順で分析する。そこで，2-2では，ヒストグラムと統計的検定の2つに分けてレビューを行なう。

(1) 分布形状による利益調整の検証

ヒストグラムの分布形状によって利益調整の有無を判断する方法を最初に使用したのは，Burgstahler & Dichev (1997) である。かれらは，観測値で利益分布のヒストグラムを描き，ヒストグラムの0付近の不規則な歪みの形状に統計検定[6]を行ない，その歪みが統計的に有意であるか否かをみることによって利益調整の有無を判断したのである。Burgstahler & Dichev (1997) による分析の手順を示せば図表3-2のようになる。

図表3-2 Burgstahler & Dichev (1997) の分析手順

① 観測値のヒストグラムの作成
↓
② 0付近の歪みについて統計検定の実施（標準化差異検定）
↓
③ 統計検定の結果，有意であれば利益調整の存在の可能性

Burgstahler & Dichev (1997) の手法は，観測値のヒストグラムさえ描ければ分析が容易であることから多くの研究で利用されている。本節では，その手法によって予測利益達成のための利益調整を調査した須田・首藤 (2004) と野間 (2004) の研究をみていくことにしよう。

須田・首藤 (2004) は，1990年から1999年までの銀行・証券・保険業以外のすべての3月決算の上場企業を対象にして，『日本経済新聞　縮刷版』から収集した予測値15,713を使用して予測利益達成のための利益調整について

分析している［須田・首藤（2004），213頁］。

須田・首藤（2004）は，次の式によって誤差率を測定し，そのヒストグラムによって分析している。

$$予測誤差 = \frac{(t期の実績値 - t期の予測値)}{t期首の資産総額}$$

上の式で測定した観測値をヒストグラムにしたものが図表3-3である［須田・首藤（2004），215頁］。

図表3-3をみると，0を境にその左側の度数が極端に少なく右側の度数が極端に増加して不規則性が生じているのがわかる［須田・首藤（2004），216頁］[7]。このヒストグラムの形状が意味することは，予測値をわずかに上回るような実績値を公表している企業が多いということである。

須田・首藤（2004）は単独利益によるものであったが，連結予測利益における利益調整について検証した[8]野間（2004）をみていこう。

野間（2004）は銀行・証券・保険業を除く3月決算の全上場企業を対象に5,894のサンプルで予測利益達成の利益調整の有無について分析している［野間（2004），p49］。分析データは，予測値が須田・首藤（2004）と同様に『日本経済新聞縮刷版』から，実績値は『日経NEEDS企業財務データ』から採集している［野間（2004），50頁］。

図表3-3　予測誤差率のヒストグラム

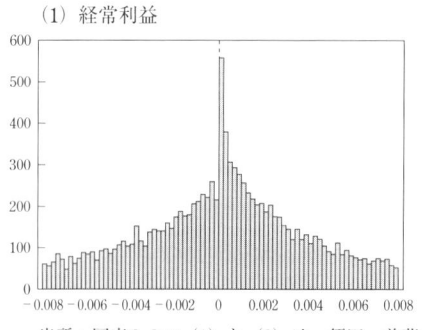

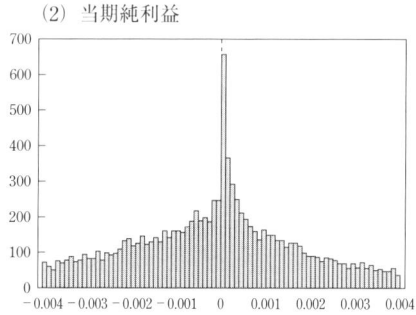

（1）経常利益　　　　　　　　　　（2）当期純利益

出所：図表3-2の（1）と（2）は，須田・首藤（2004），p.215，図表9-2（2）から（3）。

ヒストグラムを作成する値は，須田・首藤（2004）と同式を使用して算出している。その式によって算出された数値をヒストグラムにしたものが図表3-4である［野間（2004），51頁］。

図表3-4では，ゼロの左側と右側にあまり大きな差は存在せず，須田・首藤（2004）ほどの歪みにもなっていない。この点について野間（2004）は，経営者が予測利益を満たすような利益調整は行なっているが，予測値を大きく上回るような利益を報告することも回避していることが考えられる，と述べている［野間（2004），51頁］。

ところで，わが国では予測利益の公表は企業独自で行なっているが，米国では，通常，予想利益はアナリストが公表している。アナリスト予測利益と企業の報告利益を使用して，予測利益達成のための利益調整を調査した研究にBurgshterler & Eames（2006）がある。Burgshterler & Eames（2006）は，0区間に含まれる差異について，0（全く誤差がない）と0以外（誤差がある）に分類している点，年に数回公表されるアナリスト予測の公表時点も考慮した分析を行なっている点に特徴がある。

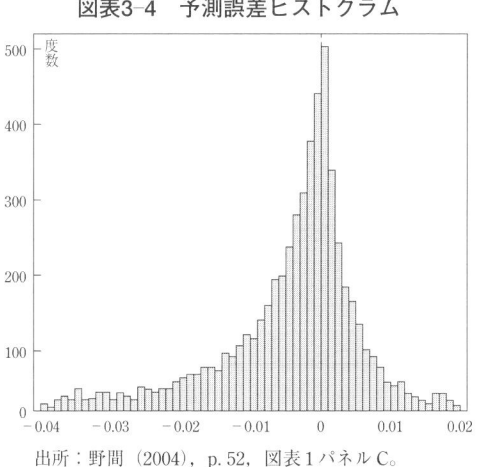

図表3-4 予測誤差ヒストグラム

出所：野間（2004），p.52，図表1パネルC。

Burgshterler & Eames（2006）は，Zack Investment Research Database から収集した1986年から2000年までのEPSの実績値と予測値を使用して，金融および公益企業を除いた企業を対象に分析を行なっている［Burgshterler & Eames（2006），p.636］。予測値については，個人アナリストのみのものと個人アナリスト予測およびメジアン予測で合成したものの2つのタイプを使用して誤差を測定している［Burgshterler & Eames（2006），p.637］。

また公表時点を考慮した分析では，COMPUSTATへの利益報告日から起算して，アナリスト予測の公表日が1～90日，91～180日，181～270日および271～360日という4つの期間にわけて，期間ごとの予測誤差のヒストグラムを作成して分析をしている［Burgshterler & Eames（2006），p.637］。

ヒストグラムの形状から4つの期間すべてのヒストグラムで，0に隣接する右隣の区間の頻度が著しく高くなっていることが確認され，マイナスの利益ショックを回避するためにアナリスト予測利益をわずかに上回るように経営者が報告利益を調整していることが示されたのである。特に0に隣接する右側の頻度が高くなるという傾向は，利益公表日が近づくほど強くなっている。経営者は，利益公表が近づくにつれてアナリスト予測値をわずかに上回らせ，マイナスへの利益ショックの回避行動をとっているということをこの研究結果は示している。

(2) 標準化差異検定による検証

須田・首藤（2004），野間（2004）およびBurgshterler & Eames（2006）では，観測値のヒストグラムの0付近の形状が程度の差はあるものの0を境界線として隣接する左側の観測数が極端に少なく，0に隣接する右側の観測数は極端に多くなるという0付近における頻度の不規則性が観測された。このことは，経営者が予測利益を満たすように，わずかに予測値を上回るよう，報告利益を調整していると考えられるのである。

しかしそれだけでは，ヒストグラムの0付近の不規則性を視覚的に捉えたというだけにすぎない。ヒストグラムによる分析では，形状を視覚的に確認したうえで，その不規則性が統計的に有意であるか否かを判断するため標準化差異

第2節 予測利益情報の有用性と予測利益達成のための利益調整 55

図表3-5 先行研究における標準化差異検定の結果

		検定区間の値		検定区間以外における標準化差異			
		ゼロの左側標準化差異	ゼロの右側標準化差異	平均値	中央値	最小値	最大値
須田・首藤 (2004)	経常利益	-9.661	10.096	-0.061	-0.090	-2.783	2.768
	当期純利益	-9.840	12.836	-0.103	-0.154	-4.709	1.833
野間 (2004)	当期純利益	-0.227	4.961	-0.172	0.031	-2.239	1.719
Burgstahler & Eames (2006)	①ゼロの隣接する右側に0と0ではない観測値						
	個人予測	-43.84					
	1-90前	-36.87					
	91-180前	-31.47					
	271-360前	-18.57					
	②ゼロの隣接右側区間に0ではない観測値のみ						
	個人予測	-20.29					
	1-90前	-16.05					
	91-180前	-14.75					
	271-360前	-7.97					
	③ゼロの隣接右側区間に0の観測値のみ						
	個人予測	-35.56					
	1-90前	-27.96					
	91-180前	-24.71					
	271-360前	-15.12					

出所:須田・首藤 (2004) 217頁の図表9-3, 野間 (2004) 53頁の図表2およびBurgstahler & Eames (2006) p.639, Figure 1をもとに一部修正して作成した。

検定 (standardized differences) を行なう。須田・首藤 (2004), 野間 (2004) およびBurgshterler & Eames (2006) の検定結果をまとめたものが図表3-5である。

図表3-5をみてみよう。須田・首藤 (2004) は, 経常利益と当期純利益のいずれの数値もゼロの左側の値が, -9.661および-9.840となっており, 1％の

有意水準2.326をはるかに上回っている。つまり，経常利益と当期純利益のヒストグラムにおける0付近の歪みは統計的にも有意であったのである。このことは，経営者が報告利益をわずかに上回るような利益調整を行なっていることを支持した結果である［須田・首藤（2004），217頁］。

一方，連結数値によって利益調整を分析した野間（2004）では，ゼロの左側の標準化差異は-0.227，右側が4.961となっており，左側は有意な値ではなく，須田・首藤（2004）の結果と一致していない。野間（2004）は，0の左側が有意でなかったことについて，予測値をわずかに超えるように報告利益を調整してはいるものの，大幅な調整は行なっていないとしている。そしてその理由については，経営者が次年度の予測達成を見据えたうえでの利益平準化行動にもとづくものとしている［野間（2004），53頁］。

Burgshterler & Eames（2006）は，0に隣接する右側の区間について，予測誤差に0（誤差がない）とそうでない観測値が含まれることにも注目して，①0と0以外，②0以外，③0（誤差がない）のみの3つのパターンに分けて標準化差異検定を行なっている［Burgshterler & Eames（2006），pp. 639-640］。

図表3-5をみると3つのパターンいずれも大幅に有意な値となっている。予測主体別にみた場合には，コンセンサス予測よりも個人予測のほうが標準化差異の値は大きくなっている。そして利益公表日を考慮した場合には，公表日に接近するにつれて，標準化差異の値も高くなっている。このことはヒストグラムによる分析結果とも一致しており，経営者が予測利益を満たすように僅かに報告利益を調整している［Burgshterler & Eames（2006），pp. 638-639］ことを示している。さらにBurgshterler & Eames（2006）の結果からは，報告利益を予測利益と同じ値に合わせただけの調整も数多く行なわれていることも確認された。

以上，予測利益達成のための利益調整に関する先行研究についてレビューを行なった。これらの研究結果を要約すれば次のようになる。

まず須田・首藤（2004）では，予測利益に合わせるような利益調整を行なっていることが明らかにされた。ただし連結数値を調査した野間（2004）では，

予測値を上回るような大幅な利益調整は確認されなかった。そして利益公表日までの日数を考慮した分析も行なったBurgshterler & Eames (2006) からは，報告利益の公表日が接近するにつれてアナリスト予測利益にあわせるような報告利益の調整の度合いは強くなっているという結果を示していた。

以上，2-1と2-2のレビューから，予測利益情報は有用であり，その有用である予測利益にあわせるように利益調整が行なわれていることが示された。

第3節 研究目的と分析方法およびサンプルの収集方法

第3節では，予測利益情報有用性および予測利益達成のための利益調整の研究目的，および使用するサンプルと分析手法について説明する。

3-1 研究目的と分析ステップ

2-2のレビューにおいて，予測利益を達成するために経営者は報告利益を調整して予測利益にあわせるような利益調整を行なっているとする結果が示された。その理由は第2章でも説明したようにプラスのアーニングス・サプライズによる株価上昇の効果を狙ったものであるとも考えられている。

そこで第3節では，株式市場における予測利益情報の有用性を検証して，予測利益情報と実績利益情報のどちらがより株価に対して影響しているか分析する。実績情報より予測情報のほうが株価に対するインパクトがあれば，それは，経営者が予測利益達成のための利益調整を行なう動機を有することの証拠

図表3-6 予測利益達成の利益調整と企業価値説明力との関連の分析

【第1ステップ】予測利益情報の有用性の検証（第3章）
↓
【第2ステップ】予測利益達成のための利益調整（第3章）
↓
【第3ステップ】予測利益達成のための利益調整と企業価値説明力の関連（第4章）

を提示するものと考えられるからである。第3章では，予測利益の株価への影響力を把握したうえで，予測利益達成のための利益調整の存在を検証していく。第3章の分析は，利益調整の存在が企業価値説明力に差異を生じさせているか否かをみる第4章で行なう実証分析の前提を示すものである。

第3章と第4章の3つの実証分析のステップを示したものが図表3-6である。第3章では，第1ステップと第2ステップを行なう。

3-2 分析方法
(1) 予測利益情報の有用性の検証
①決算情報の株価反応

決算情報の株価反応分析では，決算情報の公表日前後15日間における日次の株価変化を捉えることによって決算情報の影響力を測定する。

ここでは，決算情報の株価反応の測定に市場リターン控除法［後藤（1992），48頁］を使用する。市場リターン控除法は，きわめて単純なモデルであるが，Brown & Warner（1985）や後藤の検証によって，市場モデルよりも当てはまりがよいことが明らかにされている。

分析手順は，次のとおりである。(3-1) および (3-2) 式によって，前日の終値を基準とした企業ごとの株価変化率 R_{it} と東証株価指数（TOPIX）を使用した市場全体の株価指数変化率 R_{mt} が求められる。(3-1) 式の R_{it} は，i 企業の t 日における株価変化率であり，P_{it} は i 企業の t 日における終値である。(3-2) 式の P_{mt} は，t 日における市場全体の指数である。したがって，i 企業の t 日の超過リターン Z_{it} は，企業ごとの株価変化率から市場全体の変化率を控除した (3-3) 式によって測定され，各日の平均残差が (3-4) 式によって計算される。なお，ここでは，発行株式数の変化は考慮していないことを示しておく。

$$R_{it} = \frac{P_{it} - P_{it-1}}{P_{it-1}} \quad \cdots\cdots\cdots\cdots\cdots\cdots\cdots\cdots\cdots\cdots\cdots\cdots\cdots\cdots\cdots\cdots\cdots\cdots\cdots (3-1)$$

$$R_{mt} = \frac{P_{mt} - P_{mt-1}}{P_{mt-1}} \quad \cdots\cdots(3-2)$$

$$Z_{it} = R_{it} - R_{mt} \quad \cdots\cdots(3-3)$$

$$AR_i = \frac{1}{N}\sum_{i=1}^{N}|Z_{it}| \quad \cdots\cdots(3-4)$$

②予測利益情報の情報内容

　予測利益情報の情報内容分析では,情報変数の符号の向きと株価動向が一致しているか否かについて分析する。連結短信および中間連結短信には,当期の実績値と次期の予測値が掲載されるため,投資家の期待修正パターンが,複数考えられる。第3章では,(3-5)および(3-6)式によって算出した予測誤差と期待外利益を使用する。

$$予測誤差 = \frac{当期実績利益 - 当期予測利益}{|当期予測利益|} \quad \cdots\cdots(3-5)$$

$$期待外利益 = \frac{当期実績利益 - 前期実績利益}{|前期実績利益|} \quad \cdots\cdots(3-6)$$

　(3-5)式によって算出された予測誤差の符号が正の場合,実績値が予測値を上回っていたことになり,符合の向きがプラスとなるので正のグループとする。また,予測値を実績値が満たすことができなかった場合には,符号の向きはマイナスとなるため負のグループとする。(3-6)式の期待外利益についても,符号が正の場合は,当期実績が前期実績を上回っていたことを示し正となり,その反対は負となる。

　情報内容分析では,符号の向きと株価動向との関連について調査するので,株価変動も測定しなければならない。そこで株価変動については,(3-8)式で算出される累積異常残差(CAR)を使用する。(3-7)式は,AR_{it}＝企業iのt時点における残差リターンを算出し,(3-8)式の$CAR_{(t_1, t_2)}$では,t_1からt_2までの累積期間における累積異常残差を測定する。

$$AR_{it} = \frac{1}{N}\sum_{i=1}^{N}Z_{it} \quad \cdots\cdots(3-7)$$

$$CAR_{(t1,\,t2)} = \sum_{T=t1}^{t2} AR_{it} \quad \cdots\cdots\cdots\cdots\cdots\cdots\cdots\cdots\cdots\cdots\cdots\cdots\cdots\cdots (3-8)$$

もし予測誤差と期待外利益の各情報変数の情報内容と株価動向に関連があるとすれば，正のグループの株価は正の方向へ変化し，反対に，負のグループの株価はマイナス方向へと変化し，両者の間には首尾一貫した関連が確認されることになる。

③予測利益情報の増分情報内容分析

決算短信には，予測利益と実績利益の数値が同時に公表されるため，株価変化には，2つの情報内容が反映していると考えられる。そこで，予測利益と実績利益のどちらが株価変化にたいしてより影響を与えているかについても分析を行なう。こうした分析は，増分情報内容分析とよばれる。増分情報内容とは，株価変化とある情報変数 X の間に情報内容が存在することが所与とされた場合，追加的な情報 Y によって株価変化がもたらされ，追加的な情報 Y と株価変化に関連が存在することをいう。

第3章では，(3-9) 式の単回帰モデルによって，各情報変数 X_{it} と累積異常残差（CAR_{it}）との関連を分析したのち，i 企業の t 期における累積異常残差（CAR_{it}）を従属変数，予測誤差（X_{it}）と期待外利益（Y_{it}）を独立変数とする (3-10) 式によって，予測誤差と期待外利益の増分情報内容を分析する。

$$CAR_{i\,(t1,\,t2)} = \alpha + \beta_1 X_{it} + \varepsilon_i \quad \cdots\cdots\cdots\cdots\cdots\cdots\cdots\cdots\cdots\cdots\cdots\cdots (3-9)$$
$$CAR_{i\,(t1,\,t2)} = \alpha + \beta_1 X_{it} + \beta_2 Y_{it} + \varepsilon_i \quad \cdots\cdots\cdots\cdots\cdots\cdots\cdots\cdots (3-10)$$

(2) 利益調整の有無に関する検証

①予測誤差率

ここでは，予測利益達成のための利益調整の有無を確認するため経常利益および当期純利益の予測誤差率のヒストグラムを作成することからはじめる。予測誤差率の算出は次の式による。

$$\text{予測誤差率} = (t\text{期の実績値} - t\text{期の予測値}) / \text{期首資産総額} \cdots\cdots (3-11)$$

(3-11) で算出された予測誤差率のうち，売上高は -0.05 から $+0.05$，経常利益は -0.008 から $+0.008$，当期純利益は -0.005 から $+0.005$ の間にあるデー

タを収集し，経常利益および当期純利益は 0.0025 で区間を設定し，ヒストグラムを作成する。

②標準化差異検定

ヒストグラムの形状を確認したら次は，ゼロ付近での不均衡な分布により利益調整の有無を調査する。そしてその分布の不均衡さが統計的にみて有意であるか否かの判断について標準化差異検定を行なう。

標準化差異分析では，予測誤差率の分布は正規分布である，という仮説のもとに，ヒストグラムの各区間ごとに実績値と期待値を求め，2つの差を算出し，それを推定標準偏差で除することによって，標準化差異は算定される。もし仮説どおり，予測誤差率の分布が正規分布に従うのであれば，標準化差異の平均値は 0，標準偏差は 1 の分布になるため，この検定での棄却域は，1％水準では 1.645，5％水準では 2.326（いずれも片側検定）において有意と判断される[9]。

3-3 サンプルの収集方法

(1) 予測利益情報の有用性の検証で使用するサンプル

第3章の予測利益情報の有用性に関する検証では，①から⑤までの基準を満たした企業を分析対象としている。

(1) 東証一部上場の3月期決算の製造業
(2) 2000 年から 2002 年までの連結中間短信に予測値を公表した企業
(3) 2001 年から 2003 年までの連結短信に実績値を公表した企業
(4) 予測誤差率が±30％以内の企業
(5) 期待外利益率が±200％以内の企業[10]

図表 3-7　企業サンプル

	2001	2002	2003	プール
経常利益	283	182	216	681
当期利益	235	167	202	604

(1) から (5) までの基準によって選択したサンプルは，図表3-7のとおりである。

(2) 予測利益達成のための利益調整の検証で使用するサンプル

第3章で予測利益達成のための利益調整に関する検証で使用するサンプルは次のとおりである。

(1) 株価データ　東洋経済新報社『株価CD-ROM　2004年度版』
(2) 予測値と実績値　中間連結短信および連結短信で公表される数値については，野村證券のホームページ「決算短信」[11]から収集し，手入力でデータベースを作成。

第4節　分析結果とその解釈

第4節では，図表3-6のステップ1とステップ2の分析結果を示し，その解釈をする。

4-1　予測利益情報の有用性

予測利益情報の有用性の検証では，最初に予測情報が含まれる決算短信の公表そのものに株価反応がみられるか検証した。決算短信公表日の株価反応が確認されたならば，そのうえで予測値と実績値の情報内容の分析を行ない，そのうえで予測値と実績値のどちらが株価に対してより情報内容を有しているか否かを検証する増分情報内容分析を行なった。それぞれの分析結果が（1）から（3）である。

(1) 決算情報の株価反応分析の結果

予測利益情報有用性を分析するのに先立ち，まずBeaver型の分析によって，連結短信そのものの市場に対する影響力の有無を測定した。公表日前後15日間の各日の平均残差を測定した。測定結果を図表3-8と図表3-9に示した。

図表3-8は，（3-4）式によって計算した公表日前後15日間にわたる絶対残差とプールデータによる絶対残差を示しており，図表3-8のプールデータ

図表 3-8　決算短信公表日前後の残差

T	プール
-15	0.01650
-14	0.01597
-13	0.01521
-12	0.01521
-11	0.01615
-10	0.01506
-9	0.01580
-8	0.01699
-7	0.01568
-6	0.01479
-5	0.01455
-4	0.01434
-3	0.01554
-2	0.01714
-1	0.02057
0	0.02313
+1	0.01685
+2	0.01544
+3	0.01471
+4	0.01513
+5	0.01472
+6	0.01484
+7	0.01487
+8	0.01519
+9	0.01428
+10	0.01514
+11	0.01414
+12	0.01407
+13	0.01445
+14	0.01416
+15	0.01552

図表 3-9 連結短信公表日前後残差（プール）

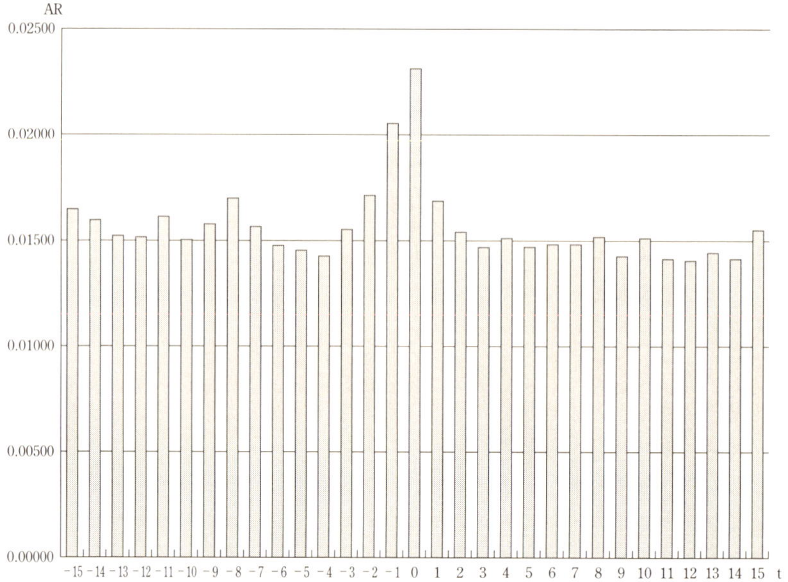

の推移をグラフ化したものが図表 3-9 である。

図表 3-8 と図表 3-9 の分析結果から，決算短信公表日の平均残差は，前後 15 日間に比べて，顕著に大きくなっていることがわかる。この結果は，石塚 (1987) や後藤 (1993) などの結果と一致し，決算情報以外に多数の情報が存在する現在においても，予測利益情報を含む連結決算短信が，投資意思決定に影響を与えている可能性があることを示している。

(2) 予測利益情報の情報内容分析の結果

(1) において，決算発表そのものに株式市場への影響力があることが明らかにされた。そのことは，連結決算短信の中に含まれる予測利益や実績利益などの情報内容も株価反応と何らかの関係があることを意味している。そこで (2) では，情報内容と株価反応との関連の有無を明らかにするため情報内容分析を行なう。

図表 3-10 は予測誤差および期待外利益の各情報変数の記述統計量をまとめ

たものである。

　図3-11および図3-12は，経常利益と当期純利益の（3-8）式によって測定した CAR を予測誤差および期待外利益の符号の向きによって分類し，決算短信公表日の120日前から公表後50日までの累積残差の推移をグラフ化した。

　図表3-11から，経常利益の予測誤差および期待外利益の全体の累積残差の推移をみると，株価への情報の織り込みは，4つのグループすべてにおいて，公表前−80から−70日目あたりまでが最も顕著であることがわかる。その後一旦落ち着き，また−60から−50日目まで著しく上昇し，その後，収束して

図表3-10　情報変数記述統計量（プール）

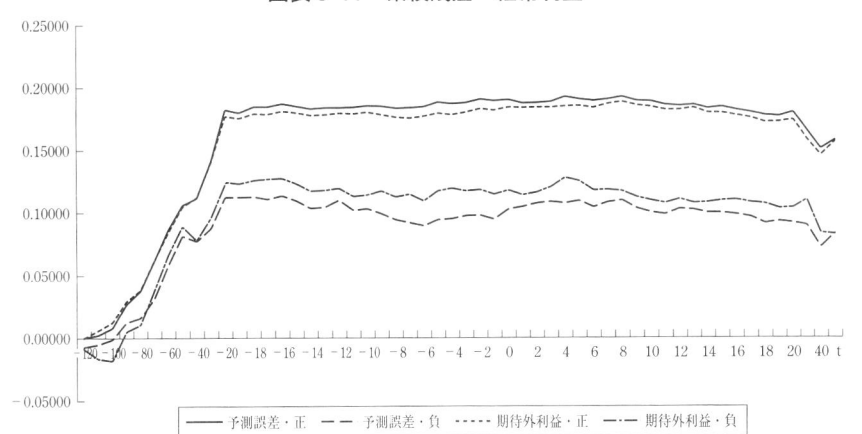

情報変数		経常利益				当期利益		
	n	平均	中央値	標準偏差	n	平均	中央値	標準偏差
予測誤差	681	0.03471	0.02750	0.10848	604	0.00057	−0.00229	0.12835
正	434	0.09711	0.07806	0.07577	295	0.10201	0.08571	0.08278
負	247	−0.07494	−0.06000	0.05902	309	−0.10073	−0.09609	0.06491
期待外利益	681	0.21005	0.12764	0.52717	604	0.33226	0.20058	0.68231
正	461	0.44612	0.29393	0.43626	404	0.66574	0.47728	0.55499
負	220	−0.28461	−0.20084	0.31628	200	−0.34985	−0.27714	0.30026

図表3-11　累積残差　経常利益

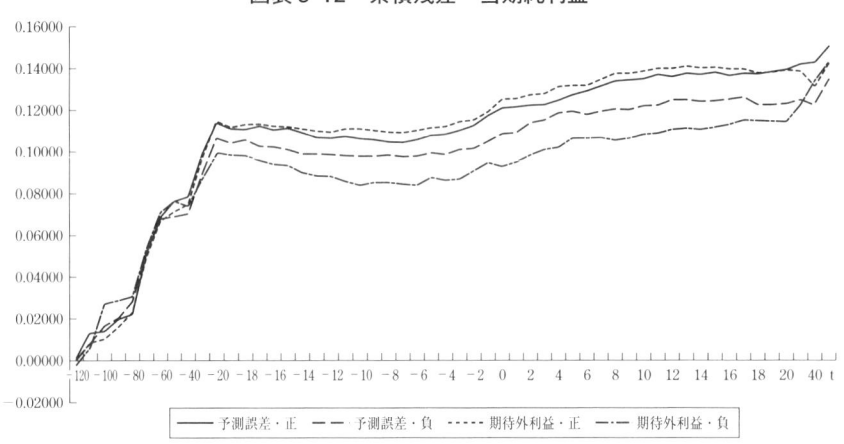

図表3-12　累積残差　当期純利益

凡例: 予測誤差・正 ―― 予測誤差・負 ---- 期待外利益・正 …… 期待外利益・負 —·—

いる。特に，正のグループについては負のグループに比べて，-40から-20日目の推移の上昇が激しく，負のグループの残差との間に大きな差が生じている。

このことは，予測誤差・正，期待外利益・正のグループは，投資家の意思決定に好材料の情報を提供していることから，それらの情報を織り込み株価も高い水準を維持していると考えられる。それにたいして，予測誤差・負，期待外利益・負のグループは，予測を満たすことができないことや，前年度にくらべてマイナス要因の情報を提供していることから，累積残差は正のグループより低水準になる傾向がある。

さらに情報変数ごとの推移をみると，予測誤差・正は，期待外利益・正よりも累積残差が大きくなり，予測誤差・負は期待外利益・負よりも低い累積残差となっている。つまり，投資家が意思決定を行なう際に，経常利益に関しては，実績数値をベースとした期待外利益よりも予測値による予測誤差の情報内容を盛り込んでいると考えることができる。

つぎに図表3-12の当期純利益の累積残差の推移をみていくことにしよう。当期純利益も4つのグループにおいて，公表日前80～70日までの累積残差の上昇が著しく，その後，いったん収束して公表日前40～20で再び上昇する。

こうした推移は，当期純利益の予測誤差の累積残差を分析した富田（2004）の分析結果［富田（2004），187頁］と同様である。

ところで，累積期間全体の主な推移は経常利益と同様であるが，経常利益と当期純利益の累積残差の推移は，二つの相違点があることに注目したい。

一つめは，当期純利益は，正，負いずれのグループも，予測誤差より期待外利益に市場が反応している。期待外利益・正は，予測誤差・正よりも累積残差が大きくなっている。期待外利益・負は，予測誤差・負よりも累積残差が低くなっている。このことは，当期純利益については，予測値よりも実績値をベースとした判断材料として利用した意思決定を行なっていると解釈することもできる。つまり，分配可能利益である当期純利益は，経常利益と異なり投資家の配当の源泉となる。そのため，予測値よりも実績値をベースとした情報に基づいた意思決定を投資家が行なう傾向にあるため，予測誤差より期待外利益に反応したと考えられる。

そして二つめは，予測誤差・正および負，期待外利益・正および負のすべてで，公表日以降も緩やかながらも累積残差は上昇している点である。このことは，公表日前20日から公表後20日まで累積残差がほぼ一定の状態であり，かつ公表日後20日目あたりから累積残差が下降していた経常利益の推移と異なっている。

以上が情報効果と株価変化の関連に関する分析結果である。これらの分析結果から，予測誤差および期待外利益と累積残差の間には一連の関連があることが示され，連結決算短信に記載される利益情報には，情報内容が存在することが明らかにされた。ただこの分析の情報変数と株価変動の関連を示す CAR の推移は，これまでの研究結果のように正のグループは株価も上昇し負のグループは下降する，という顕著な形にはなっていない。第3章のような推移は，情報内容と株価変動との間に関連が存在しないことを示すのではなく，両者の関連を調査している富田（2004）も本章と同様な CAR の推移を報告している。

(3) 予測利益情報の増分情報内容分析

(2)では，情報内容と株価変動の関連について調査した。その結果，予測誤

差と期待外利益の情報内容と株価との間には関連があることが確認された。そこで（3）では，連結決算短信に記載される予測利益と実績利益のどちらがより株価に対して影響を与えているか明らかにする。

（3-9）および（3-10）の回帰式によって予測利益と実績利益の増分情報内容を分析した結果は，図表3-13のとおりである。

まず経常利益をみると，予測誤差と期待外利益の情報変数を独立変数とした単回帰分析では，3つの累積期間のいずれにおいても予測誤差の t 値が期待外

図表3-13　増分情報内容分析結果（プール）

	累積期間	N	回帰係数 予測誤差	(t値)	回帰係数 期待外利益	(t値)	決定係数
経常利益	−50〜0	681	0.03293	3.67532***			0.13966
		681			0.20749	4.79816***	0.18109
		681	0.17670	3.94053***	0.02284	2.47560***	0.20361
	−1〜+1	681	0.02502	1.44730			0.05546
		681			−0.00354	−0.99339	0.03810
		681	0.03228	1.79494*	−0.00538	−1.45387	0.07857
	0〜+20	681	−0.00294	−0.0896			0.00344
		681			−0.00647	−0.95827	0.03675
		681	0.00626	0.18325	−0.00683	−0.97084	0.03742
当期利益	−50〜0	604	0.04642	1.17274			0.04759
		604			0.02909	3.95266***	0.15854
		604	0.03003	0.76265	0.02848	3.84548***	0.16146
	−1〜+1	604	0.00976	0.58670			0.02383
		604			0.00371	1.18699	0.04816
		604	0.00771	0.46111	0.00355	1.12932	0.05167
	0〜+20	604	0.01982	0.6492			0.02636
		604			−0.00157	−0.27325	0.01110
		604	0.02097	0.68235	−0.00200	−0.34541	0.02987

注：ここで，*** = 1％，* = 10％の有意水準を示す。

利益よりも高くなっている。このことは，予測利益のほうが実績利益より株価に対して影響を与えていることを示している。また，両方を情報変数を独立変数とするクロスセクション回帰分析においても，3つの累積期間において，予測誤差変数が期待外利益変数に比べて大きくなっており，−50から公表日までの累積期間においては，両変数ともに1％で有意となっている。

次に当期純利益についてみてみる。当期純利益の場合は，経常利益と異なり，公表日後20日間のケースを除き，期待外利益のt値が予測誤差のt値より高くなっている。このことは，当期純利益については，予測値より実績値のほうが株価に対して影響を与えていることを示し，両者を変数とした場合においても，−50から公表日までと公表前後3日間の累積期間においては，実績値のほうが予測値より増分情報内容を有していることがわかる。

また，累積期間ごとにみた場合には，−50から公表日までの期間においては，経常利益のみの単回帰，クロスセクションいずれにおいても変数が有意であり，当期純利益においては期待外利益のみが単回帰，クロスセクションにおいて有意であることから，連結決算短信に掲載される情報の株価に対する影響力は，この期間において最も影響力があると判断することが可能であり，このことは先の第2項の情報内容分析において株価への情報の織り込みがなされ，−40～−20の累積残差が急上昇していた理由とも一致する。さらに，増分情報内容分析においても情報内容分析の結果と同様に，当期純利益は，実績値ベースの情報変数である期待外利益のほうが予測誤差より影響力が大きかった。このことも，第2項の情報内容分析の結果と一致する。

4-2 予測利益達成のための利益調整

4-1において予測利益情報の有用性が確認されたので4-2では，予測利益達成のための利益調整について検証した。分析結果は次のとおりである。

(1) 予測誤差率の分布状況

予測誤差率のヒストグラムを示したものが図表3-14から図表3-16である。

図表3-14は，1,194のサンプルのうち，−0.05から+0.05の範囲内にあった売上高の予測誤差率のサンプルのヒストグラムである。売上高のヒストグラムをみると，ほぼベルシャープ型の分布になっており，このヒストグラムを見る限り，0付近での調整行動はなされていないようにみえる。

　次に図表3-15をみてみる。図表3-15は，−0.0075から+0.0075の範囲内にある経常利益835の予測誤差率をヒストグラムにしたものである。経常利益の分布は，売上高と異なり，分布状況が全体的に不規則になっており，ベルシャープ型になっていない。また0付近の分布状況をみると0の左側は極端に少なくなっているのに対し，0の右側の頻度が極端に大きくなっている。このことは，経営者が0をわずかに上回る形での利益調整を行なっていると考えられる。

　さらに図表3-16の当期純利益の予測誤差率の分布をみることにする。当期純利益は−0.005から+0.005にあるサンプル589によるヒストグラムである。当期純利益も先の経常利益と同様にベルシャープ型の分布にはなっていない。

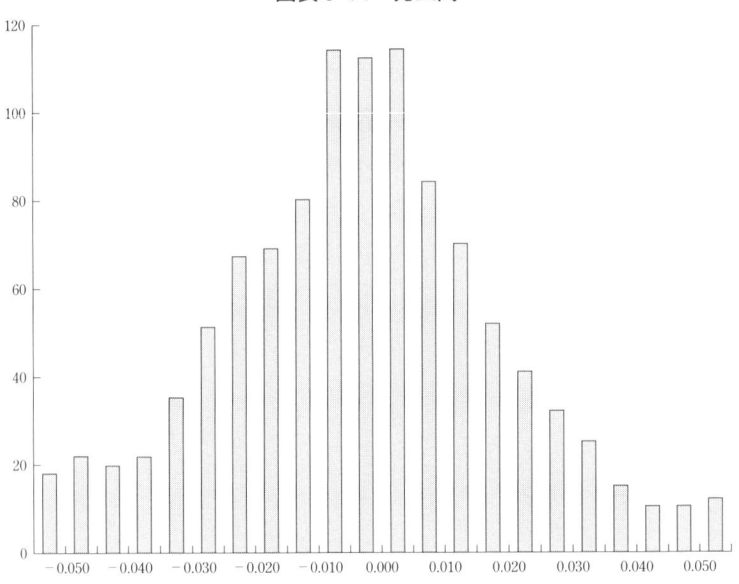

図表3-14　売上高

第4節 分析結果とその解釈 71

図表3-15 経常利益

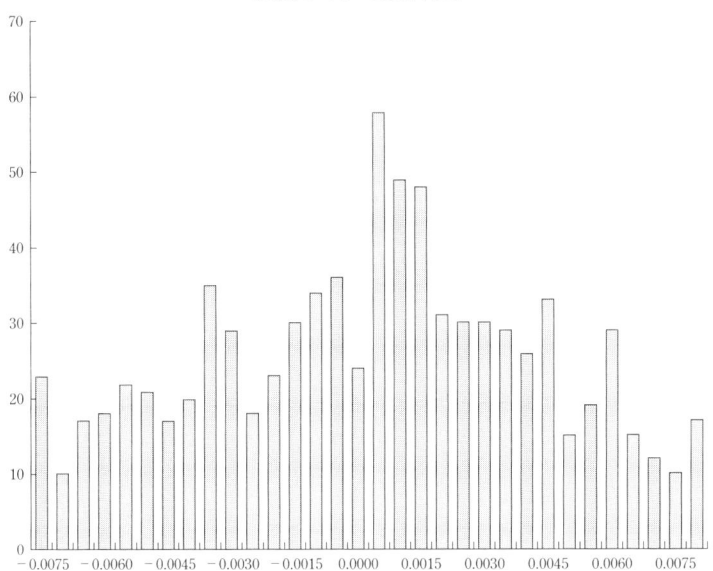

図表3-16 当期純利益

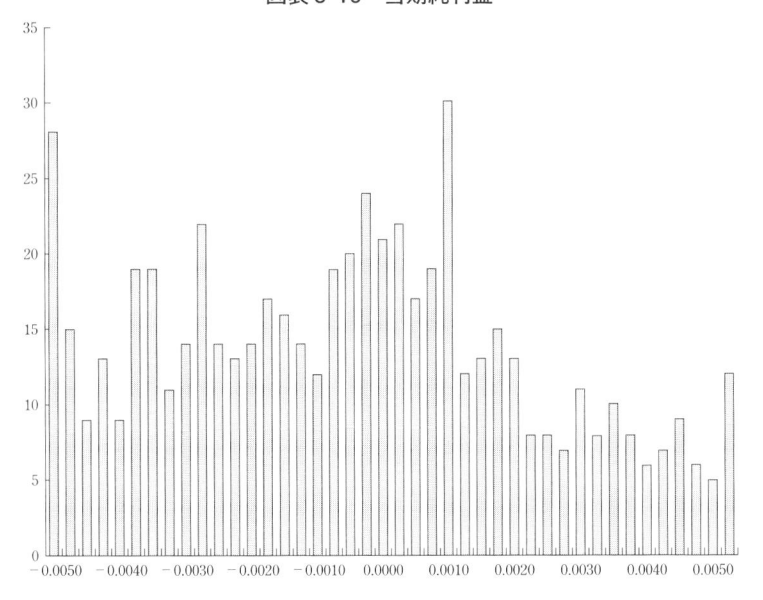

72　第3章　予測利益達成のための利益調整

しかし，0付近の状況をみると，0の左側と右側のサンプルにはほとんど差はなく，経常利益とは異なった状態である。したがって，図表3-16でみるかぎり当期純利益の段階においては，利益調整は行なっていないと考えることができる。この結果は，経常利益と当期純利益の予測誤差率の分布において，利益調整を確認した須田・首藤（2001）の結果と異なる。

(2)　標準化差異検定の結果

図表3-14から図表3-16まで各数値のヒストグラムをみることによって，視覚的に利益調整の有無を判断した結果，経常利益においてのみ0をわずかに上回るための利益調整行動の存在が確認された。そこで次に，各数値の利益調整の有無が統計的に有意であるか否かについて，標準化差異の検定結果をみて判断することにする。図表3-17が各数値の標準化差異の検定結果である。

検定結果をみると，売上高および当期純利益においては，検定区間であるゼロに隣接する左側と右側の両側において，統計的にみて有意な結果はでていない。しかし，経常利益をみると，0の左側の区間が－3.4609，右側が2.5583となっており，1％の有意水準を超えており，統計的にみても利益調整が行なわれていることが明らかにされたのである。

図表3-17　標準化差異検定の結果

	データ数	検定区間の標準化差異		検定区間外の標準化差異				
		0の左側	0の右側	平均	中央値	標準偏差	最小値	最大値
売上高	1075	－0.1660	1.3428	－0.0465	－0.2330	0.8497	－1.0866	2.3330
経常利益	835	－3.4609	2.5583	0.0407	0.0002	1.0691	－2.1201	1.9959
当期純利益	589	－0.3601	0.5471	－0.0337	－0.1340	1.0046	－2.0384	2.5592

以上が，予測誤差率のヒストグラムおよび標準化差異検定によって，予測利益達成のための利益調整の有無について分析した結果である。

(3)　予測利益情報の有用性と利益調整の関連

第3章では連結予測利益情報の有用性を検証したうえで，予測利益達成のための利益調整の有無について分析を行なった。ここではそれら2つの分析結果を解釈してゆく。

第3章での分析結果から経常利益に関しては，予測値にたいして市場は反応を示していたが，当期純利益については実績値にたいする反応が見られた。経常利益および当期純利益の累積残差の推移を図表3-11および図表3-12に示した。両図は，予測利益をもとにした予測誤差率と実績利益をもとにした期待外利益の正負の符号の向きごとにサンプルをわけて，グループごとの累積残差の推移をグラフ化したものである。

　図表3-11の経常利益の推移をみると，実績利益よりも予測利益にたいして株価は反応を示しており，図表3-12の当期純利益は予測利益よりもむしろ実績利益にたいして反応を示していることがわかる。このことは，4-2のヒストグラムによる利益調整の検証結果とも一致する。つまり，経営者は市場が予測値にたいして反応を示す経常利益については，利益調整行動を行なうが，そうではない当期純利益については利益調整を行なっている可能性が少ないと判断することができる。

第5節　む　す　び

　第3章では，連結予測利益情報の有用性の分析結果をもとに，予測利益情報の有用性と利益調整との関連について検討した。予測利益情報の有用性の検証結果によれば，経常利益は予測値と株価との関連が強く，当期純利益は予測値よりもむしろ実績値との関連が強かった。その結果に従うように，連結予測利益と利益調整の関連について調査した標準化差異検定の結果も，経常利益の段階では利益調整の可能性が認められたものの，当期純利益については，確認されなかった。この結果から，特別損益項目が含まれる当期純利益よりも通常の経営活動の成果である経常利益への利益調整を行なうことによって，通常の経営活動をよくみせようとしているのではないかと考えることもできれば，当期純利益の段階において，経常利益段階の利益調整の存在を打ち消すような特別損益が計上されていたと考えることもできる。

　第3章では，予測利益情報の有用性の検証によって，予測利益が投資家の投

74　第3章　予測利益達成のための利益調整

資意思決定に有用であることを明らかにしたうえで，決算短信に掲載される売上高，経常利益および当期純利益[12]に関する利益調整の有無についての検証を行なった。

第3章での分析結果から，予測利益情報は投資家の意思決定に有用であり，経営者は予測利益達成のための利益調整を行なうことも示された。それでは予測利益達成のために利益調整を行なった場合に企業価値説明力に差異は生じるのであろうか。第4章では予測利益達成のための利益調整が企業価値説明力に差異をもたらすか否かについて検証する。

[注]

(1) 予測利益情報の研究展開については関（2002）を参照のこと。
(2) 経営者予測の価値関連性研究については太田（2005）を参照せよ。
(3) 第3章は，関（2006）を修正したものである。
(4) 近年の研究から予測情報の情報内容には，予測誤差の精度が関わっていることも明らかにされている［富田（2004），188-194頁］。
(5) 利益調整研究の分析手法について太田（2007），石井（2008）が詳しい説明を行なっている。
(6) 利益調整が行なわれていないという帰無仮説のもとで，利益変化のクロスセクションの分布は，相対的に滑らかになるということを仮定した検定を行なう。ここで滑らかであるというのは，2つの直近の区間の観測値の頻度の平均値を意味する［Burgstahler & Dichev（1997），pp. 102-103］。そのためここで使用される検定は，区間における実際の観測度数と期待度数の差異を，推定した標準偏差で割るというものである［Burgstahler & Dichev（1997），p. 103］。区間における観測値の数は，任意な変数であり，隣接する区間の観測値とは無関係であるので，観測度数と期待度数の数は，差異の構成要素の偏差の合計値になる［Burgstahler & Dichev（1997），p. 103］。

区間iにおける実際の観測値と期待値の差異の偏差は，次のように示される。Nは総サンプル数であり，pは区間における観測数を示す。

$$Np(1-p_i) + (1/4)N(p_{i-1}+p_{i+1})(1-p_{i-1}-p_{i+1})$$

帰無仮説のもとで，これらの標準化差異は，平均値0，標準偏差1となるような正規分布になる。滑らかであるという帰無仮説がゼロで保たれないならば，0に隣接する左側と隣接する右側に関する標準化差異は同時に影響を与えあっているか，あるいは，まったく関係していないこととなる。したがって，0付近における不規則性を検定するには，0のすぐ左側の標準化差異について検定を行なえばよいことになる

[Burgstahler & Dichev（1997），p. 103]。
（7）　須田・首藤（2004）では，経常利益と当期純利益と同時に売上高のヒストグラムも作成している。売上高のヒストグラムからは0付近での不規則性のないベル・シャープ型の形状となっている［須田・首藤（2004），215頁］。
（8）　野間（2004）では，利益予測達成のための利益調整の検証のほか，ヒストグラムによる減益回避と損失回避の利益調整の検証も行なっている。野間（2004）の調査結果からは，減益回避の利益調整は明らかにされなかったが，損失回避の利益調整がなされていることが確認されている［野間（2004），532頁］。
（9）　標準化差異検定については，Burgstahler & Dichev（1997），pp. 102‐103.を参照せよ。
（10）　第3章では，予測値には連結中間短信に掲載された数値を使用している。そのため，（1）から（3）までの基準によって選択したサンプルのなかには，実績値と予測値の間に生ずる予測誤差が極端な値を示すものが多かった。そこで，（4）と（5）の基準を設けることによって，極値を除外した。また，（4）の基準を設けた理由としては，1989年の改正証券取引法「会社関係者等の株券等の取引規制に関する省令」第4条をその根拠としている。その法令によれば，経常利益については，同様の改訂幅が±30％以上，かつ改訂額が純資産の5％以上である場合，純利益については，同様の改訂幅が±30％以上，かつ改訂額が純資産の2.5％以上である場合には，それらの予測値はインサイダー情報に該当するものとし，すみやかに，投資家にたいして予測改訂情報を公表することとしている。

　　したがって，（4）の基準を設けることで，本研究でサンプルとされた企業については，業績予想修正を公表していない企業であるとみなすことができ，極めて理想に近い形での中間連結短信の予測利益情報の有用性の検証が可能になると考えられる。しかし，こうした基準を設けることによって，図表3-7をみても明らかなように，サンプル数が著しく減少し，サンプル・セレクション・バイアスが発生していることも事実である。それゆえ，本研究の結果は，非常に限定されたものとなることは否定できない。
（11）　野村證券の決算短信のホームページ
　　http://www.nomura.co.jp/houjin/bs/index.html
（12）　現在，決算短信では営業利益の業績予想数値も記載されている。

第4章　予測利益達成と企業価値説明力

第1節　は じ め に

　第3章の2つの分析から株価に対して影響が強かった経常利益の予測利益数値についてのみ，予測利益達成の利益調整の存在が認められた。このことは米国企業の経営者が市場が敏感に反応するアナリストの予測利益を達成するために利益調整を行なっているとしている結果と同様に，わが国の経営者もまた，株式市場が重視する経常利益の予想利益を達成するために利益調整を行なっていることを示すものであり，第2章にて述べたように，マイナス方向へのアーニング・サプライズを回避するために利益調整を行なっているとする考えとも一致する[1]。

　それでは，会計数値と企業価値との直接的な関連をみる価値関連性分析において，企業価値との関連を説明する変数の1つである会計利益に対して，利益調整を行なっている企業とそうではない企業では，差異は生じるのであろうか。その問い，すなわち本書の研究目的の1つである利益調整の存在の有無が企業価値説明力に差異を及ぼすか否かに答えるのが本章の目的である。

　会計数値と企業価値との直接的な関連を分析した研究に Dechow et al. (1999) がある。Dechow et al. (1999) は，企業価値を説明する変数の一つに時系列予測とアナリスト予測利益の2つの予測利益を使用して企業価値の説明力の比較を行なった。分析結果からは，時系列予測利益よりもアナリスト予測利益が企業価値との関連が強いことが明らかにされた［Dechow et al. (1999)，p. 22］。また太田 (2005) は，わが国におけるアナリスト予測と経営者予測を使用して，そ

れらの予測精度と企業価値の関連を調査した。その結果，予測精度が高かった経営者予測がアナリスト予測利益と比較して企業価値との関連が強いことが明らかにされた。この結果から，太田（2005）は，市場は予測精度の高さを正しく織り込んでいると報告している［太田（2005），200頁］。

しかし，予測精度が高い企業とは，実績利益と予測利益の乖離度合いが少ない企業であり，そうした企業は，須田・首藤（2005）が示すように予測値を僅かながらに上回るように報告利益の調整を行なっている企業が含まれている。したがって，予測精度の高さは，利益調整の結果によるものであるとも考えることができるのである。

そこで第4章では，企業価値との関連も強く，経営者が最も強く達成させようとする動機が強い予測利益を取り上げて，予測利益達成のための利益調整の存在が，企業価値の説明力に差異をもたらすか否かについて明らかにする。須田・首藤（2004）によれば，予測値を僅かに上回った企業の会計数値は利益調整によるものである。したがって，企業価値が，会計数値の信頼性に基づいて説明されるのであれば，利益調整を行なってわずかに予測値を上回った企業の企業価値の説明力は，利益調整を行なっていない企業と比較して低くなると考えられる。本章では，その点を明らかにする。

第4章の構成は次のとおりである。第2節では，企業価値関連のモデルに予測利益を組み込んで会計数値と企業価値の関連を調査した研究を取り上げる。つづく第3節では，分析手法と使用サンプルについて説明する。そして第4節では分析結果を報告し，第5節では，第4章の結果と課題を述べる。

なお本来であれば，第3章と第4章のサンプルは同一であるのが望ましい。しかし，サンプル収集上の都合から，第3章と第4章のサンプルは同一ではない。そのため，第4章では，第3章と同様の手法によって，予測利益達成のための利益調整の存在を検証することからはじめる。そのうえで，利益調整を行なった企業とそうでない企業とにグループ化することによって，それぞれのグループの企業価値の説明力をみていく。

第2節　予測利益と企業価値

　第2節では，予測利益と企業価値との関連性について調査した研究をレビューする。ここでレビューするのは価値関連性研究に不可欠なモデルであるOhlson (1995) モデルを理論的前提にもつモデルを使用した研究である。ここではOhlson (1995) を使用した研究と「他の情報」に予測利益の組入れたOhlson (2001) のモデルを使用した研究を取り上げる。

(1)　井上 (1999) (2002) の研究

　わが国で初めてOhlson (1995) モデルにアナリスト予測利益を組み込み企業価値関連の分析を行なったのは井上 (1999) である。井上 (1999) は，変数に『会社四季報』のアナリスト予測利益を使用して，企業価値推定値に対する会計数値の説明力を検証した。分析には予測利益と実際利益[2]が使用され，それぞれの企業価値推定値を計算している。そして，実際利益と予測利益を用いた個別会計数値の5つと連結会計数値の3つの合計8つのモデルで検証を行なった［井上 (1999), 202頁］。予測利益モデルでは，個別2年，連結1年の予測を使用しており，分析企業は，1995年の東証一部上場三月決算の銀行，証券および保険を除いた一般事業会社が対象とされ，会計数値，株価および予測利益のデータは，日本経済新聞社『日経財務データCD-ROM』，東洋経済データバンク『株価CD-ROM1998年版』そして東洋経済新報社の『1995年第三版会社四季報』からそれぞれ収集している［井上 (1999), 47-48頁］。

　実際利益モデルと予測利益モデルによって求めた企業価値推定値と株価との相関係数が図表4-1である。図表4-1をみると，予測利益による企業価値を推定したモデルが株価との相関関係が強いことがわかる。実際利益モデルの株価との相関は0.50代にあるのにたいして，予測利益モデルによる場合は，ほぼすべてで0.8を越えている［井上 (1999), 49頁］。このことは，企業価値が実際利益よりも予測利益との関連が強いことを示し，井上 (1999) は，企業価値の測定には，実際利益より予測利益を使用することが望ましいとしている。

図表4-1 企業価値推定値と株価の相関係数

株　価	実際利益モデル		予測利益モデル
	実際利益	将来実際利益	1年先予測利益
1995年3月	0.59013	0.64161	0.83124
4月	0.59398	0.65351	0.83678
5月	0.59777	0.66489	0.83935
6月	0.58995	0.67290	0.83514
1996年3月	0.56888	0.67696	0.81219
1997年3月	0.54199	0.68784	0.79359

出所：井上（1999），49頁，図表2を一部修正して作成。

　企業価値推定値と株価との相関関係は，実績利益より予測利益のほうが高いことが示された。そこで井上（1999）は，企業価値推定モデルの変数ごとの株価説明力について回帰分析を行なった。結果は図表4-2である。

　図表4-2をみると，調整済 R^2（以下では決定係数と示す）は，予測利益を使用したモデルの0.8034が一番高い。さらに予測利益に基づく超過利益の回帰係数は，0.287であり，実際利益による超過利益の回帰係数の0.175よりも高くなっており，株価説明力は予測利益のほうが実績利益よりも高いと判断される。

　井上（1999）の研究は，分析対象年度が1995年のみの分析ではあるが，Ohlson（1995）モデルに予測利益を組入れ，実際利益モデルよりも予測利益モデルの企業価値説明力が高いことを示した点に注目したい。

　Ohlson（1995）によって分析を行なった井上（2002）の研究では，経営者予測利益を使用したモデルで純資産簿価と次年度予測利益の各変数の構成要素と株価との関連についての分析も行なっている［井上（2002），58-59頁］。

　そこでは，「純資産簿価および次年度利益は，株価と正かつ有意な関係にある」という仮説，「次年度の当期純利益の構成要素は，株価と正かつ有意な関係にあるが，その影響の大きさは次年度予測利益よりも小さい」という仮説を検証している［井上（2002），59-61頁］。

図表 4-2　企業価値構成要素の回帰分析結果

	1995年3月純資産簿価		1996年3月超過利益		調整済 R^2
	係　数	t値	係　数	t値	
①純資産簿価モデル 1995年3月	0.86378	(43.471)			0.7457
②実際利益モデル 1995年3月	0.79866	(39.289)	0.17501	(8.609)	0.7718
③予測利益モデル 1995年3月	0.70604	(33.799)	0.28775	(13.775)	0.8034

＊全ての変数は平均値0，標準偏差1に標準化されている。

出所：井上（1999）51頁，図表4を一部修正して作成。

分析には，東証一部上場企業の銀行，証券，金融以外の一般事業会社のうち個別予測利益と連結予測利益を公表した269社を対象としている［井上（2002），62頁］。

$$\text{モデル①} \quad P_t = \alpha_0 + \alpha_1 B_t + \alpha_5 NI_{t+1}$$

モデル①式の各変数は，P_t＝決算後3ヵ月後の株価，$B_t = t$時点での純資産簿価，NI_{t+1}＝次年度の当期純利益予測値である［井上（2002），59-60頁］。

図表4-3をみると，モデル①では，純資産簿価と次年度予測いずれも有意であり，両変数は株価と正の関係にあることがわかる。さらに井上（2002）は，予測利益を経常損益と非経常損益に分けることによって，それぞれの数値の企業価値への影響についても分析している［井上（2002），60頁］

$$\text{モデル②} \quad P_t = \alpha_0 + \alpha_1 B_t + \alpha_6 KI_{t+1} + \alpha_7 NKI_{t+1} + \alpha_8 MI_t$$

モデル②式は，モデル①式に KI_{t+1}＝次年度の経常損益予測値と NKI_{t+1}＝次年度の非経常損益予測値そして MI_t＝市場性ある有価証券の未実現評価損益

図表4-3 実証結果

モデル	純資産簿価	次年度予測	予測利益内訳 経常損益	予測利益内訳 非経常損益	未実現評価損益	切片	調整済 R^2	F値
①	0.539 ** (10.87)	0.209 ** (4.22)				0 (0.32)	0.3930	87.77
②	0.325 ** (5.09)		0.429 ** (6.47)	0.072 (1.35)	0.073 (1.58)	0 (−0.03)	0.4443	54.56

出所:井上(2002),64頁図表2の連結情報のみを修正して作成。( )内はt値であり,**は片側1%で有意であることを示している。

を加えて企業価値との関連を分析している[井上(2002),60頁]。

図表4-3をみると,経常損益の予測値の係数の値が0.429と他の変数より高く経常的な活動により発生する経常利益の企業価値への影響力が高いことを示している[井上(2002),65頁]。

井上(2002)はこの分析結果から,純資産簿価および次年度予測利益が株価と正かつ有意な関係にあり,クリーン・サープラス会計を前提とするOhlson(1995)モデルの基本的な関係を支持しているとしている[井上(2002),66頁][3]。

(2) Dechow et al.(1999)の研究

Ohlson(1995)モデルによる企業価値の関連性を分析したDechow et al.(1999)についてもみておこう。Dechow et al.(1999)の特徴は,Ohlson(1995)モデルおける「他の変数」[4]に予測利益を加えて,株主資本簿価,当期純利益および予測利益の3変数で企業価値との関連を調査している[Dechow et al.(1999),p.25.]。

Dechow et al.(1999)は,予測利益には自己回帰モデルによる予測値とアナリスト予測を使用して,それぞれの誤差率を測定して予測精度をみたうえで,それらの予測値と企業価値との関連性の程度も調べている。結果は,時系列モデルによる予測よりアナリスト予測によるもののほうが予測が正確であり,このことから「将来の異常収益を予測することにおいて,アナリストの予測利益を埋め込んだ「他の情報」が重要な役割を果たすということを主張している」[Dechow et al.(1999),p.22]。

Dechow et al.（1999）は，企業価値推定モデルの「他の情報」に含める変数に予測利益が有効であるという結果を得たことから，株価に 1976 年から 1995 年までの 20 年間分の株主資本簿価と当期純利益を回帰させたものと株主資本簿価と当期純利益と予測利益の 3 つの変数を回帰させた場合の 2 通りの方法で企業価値を推定している。

従属変数に対する式全体の説明力を示す決定係数の大きさは，アナリスト予測利益を含めて企業価値を推定した回帰式の説明力のほうが高くなっていた〔Dechow et al.（1999），p.25‐26〕。このことは，企業価値の推定において，アナリスト予測利益は増分情報を含んでいるということを示すものであり，また予測利益を除外した場合には，株主資本簿価の係数が高くなっていた。この点をDechow et al.（1999）は，「次年度の利益のアナリスト予測は，現在の利益におけるバリューレレバントな情報を含んでいるということを示している」〔Dechow et al.（1999），p.26〕としている。

(3) 太田（2004）の研究

Ohlson（2001）モデルを使用した研究に太田（2004）がある。太田（2004）は株主資本簿価，当期純利益および経営者予想を独立変数として株価との関連を調査している。太田（2004）は，1979 年から 1999 年までのわが国 8 つの取引所に上場した金融，証券および保険を除く 3 月決算の一般事業会社 29,587 企業-年を対象に分析している。使用データは，『日経財務データ』，『株価 CD-ROM 2000』『会社四季報 CD-ROM』から収集され，経営者予測利益は日本経済新聞から収集している〔太田（2004），178 頁〕。

使用したモデルは次のモデルであり，変数ごとの相関係数は図表 4‐4 のようになっている〔太田（2005），179 頁〕。

$$P_t = \alpha_0 + \alpha_1 B_t + \alpha_2 E_t + \alpha_3 F_t + \varepsilon_t$$

$P_t = t$ 期末 3 ヶ月後の株価

$B_t = t$ 期末の 1 株当たり株主資本簿価

$E_t = t$ 期の 1 株当たり当期純利益

$F_t = t+1$ 期の 1 株当たり当期純利益に関する経営者予想で，通常

t 期末から 10 週間以内に E_t と同時に公表される。

図表 4-4 をみると経営者予想と当期純利益の相関係数が 0.773 と高い。太田 (2004) は，変数間における相関係数は高くなっているが変数間の共線性[5]は問題ないとしている［太田 (2004), 180 頁］。変数ごとの有意性をみた場合，経営者予想利益の係数のみが 21 年間すべての年度にて 1 ％水準で有意を示し，株主資本簿価や当期純利益などの他の変数の係数よりも圧倒的な高さを示した［太田 (2004), 181-182 頁］。

図表 4-4 ピアソン相関係数

ピアソン相関係数	P	B	E	F
株価 (P)	1.000			
株主資本簿価 (B)	0.540	1.000		
当期純利益 (E)	0.542	0.498	1.000	
経営者予想利益 (F)	0.691	0.655	0.773	1.000

出所：太田 (2005), 178 頁，図表 8-1 を一部修正して作成。

太田 (2004)[6] の研究から，株主資本簿価，当期純利益そして経営者予想利益を説明変数とした場合，経営者予想利益の企業価値への説明力の高さが示された。この点は，経営者予想利益が企業価値にきわめて大きな影響を与えていることを証拠付けるものである。

以上では，予測利益を変数に組み込んで企業価値関連を分析した 4 つの研究をレビューした。これらのレビューから，予測利益が株主資本簿価や実績利益よりも企業価値との関連が強いこと，さらに，予測利益を企業価値推定モデルに組入れたことで，会計数値の企業価値説明力が高くなることが明らかにされた。

第3節 研究目的と分析手法およびサンプルの収集方法

3-1 研究目的

　予測利益情報は投資家の投資意思決定に有用であり，予測利益を達成するために利益調整が行なわれていることが第3章の分析によって明らかにされた。そして第4章第2節のレビューからは，会計数値と企業価値の関連性では一株当り株式資本簿価，一株当り当期純利益などの変数より予測利益数値との関連が強いことが示され，予測主体としては経営者予測のほうがアナリスト予測利益と比較して企業価値との関連が強いことも明らかにされた［太田（2005），200頁］。しかし予測精度が高いことは言い換えれば予測利益を僅かに上回るように報告利益を調整している企業でもある。そこで第4章では，予測利益を達成するために行なった利益調整が企業価値説明力に差異をもたらしているか否かについて検証する。

　第4章の分析手順を整理したものが図表4-5である。

　ステップ1では，Burgstehler & Dichev (1997) の手法を用いて予測利益達成のための利益調整の有無について調査する。そしてステップ2では，Ohlson (2001) モデルを理論的根拠とするモデルを使用して，一株当り株式資本簿価，一株当り当期純利益および予測利益の3変数と企業価値との関連性について分析する。それら2つのステップを踏まえステップ3では，予測利益達成のため

図表4-5　予測利益達成のための利益調整と企業価値説明力の分析

【ステップ1】　予測利益達成のための利益調整の検証
↓
【ステップ2】　予測利益と企業価値との関連
↓
【ステップ3】　予測利益達成のための利益調整が与える企業価値説明力への影響

の利益調整を行なっていると思われる企業とそうではない企業を分類して,分類したグループの企業価値説明力をみることによって,利益調整の存在が企業価値説明力に与える影響を明らかにする。

3-2 分析方法

3-2では,図表4-5のステップにしたがって,分析方法を示していく。ステップ1から3までに対応する分析方法は(1)から(3)である。

(1) 予測利益達成のための利益調整の検証

(1)の検証では,第3章と同様の手法を使用する。分析方法は次の①から③である。

①予測誤差率(MFE_t)の測定

最初に一株当たり当期純利益の予測誤差率を算出する。予測誤差率(MFE)は(4-1)式で計算する。

$$MFE_t = \frac{EPS_t - MF_t}{P_t} \quad \cdots\cdots\cdots\cdots\cdots\cdots\cdots\cdots\cdots\cdots\cdots\cdots\cdots\cdots (4-1)$$

ここで,

EPS_t = 一株当たり当期純利益

MF_t = $t-1$期に公表されたt期の予測利益

P_t = t期末の株価

(4-1)式で算出されたMFE_tがプラスであれば,予測利益を実績値が満たしたことになる。その反対に,予測利益を満たすことのできなかった企業のMFE_tはマイナスとなる。

②ヒストグラムの作成

次に,(1)で算出されたMFE_tのヒストグラムを作成する。MFE_tは,-0.06から+0.06の観測値,そしてMFE_tは-0.1から+0.1までの観測値をそれぞれ0.005の階級幅で区切りヒストグラムを作成する。

③標準化差異検定

作成したヒストグラムの0前後の不自然な歪みが統計的にも有意なものであ

るか否かを明らかにするため標準化差異検定を行なう。検定の結果，0付近の歪みが有意であることが判明した場合には，利益調整を行なっていたとみなされる。有意水準は片側検定で1％=2.326，5％=1.645である。

(2) 予測利益と企業価値関連性の検証

①から③までの分析は図表4-5に示したステップ1に相当する。そこで次にステップ2に該当する企業価値と会計数値の関連性について検証する。ここでは Ohlson（2001）モデルを理論的根拠とする（4-2）式のモデルによって分析を行なう。

$$\frac{P_t}{P_{t-1}} = \alpha_0 + \alpha_{1,t}\frac{BVP_t}{P_{t-1}} + \alpha_{2,t}\frac{NIP_t}{P_{t-1}} + \alpha_{3,t}\frac{MFP_t}{P_{t-1}} + \varepsilon_t \cdots\cdots(4-2)$$

ここで，

$P_t = t$ 期の株価（決算期末から3ヶ月後の株価，すなわち6月末日の株価の終値）

$BVP_t = t$ 期の一株当たり純資産簿価

$NIP_t = t$ 期の一株当たり当期純利益

$MFP_t = t+1$ 期の一株当たり当期純利益の経営者による業績予想

$P_{t-1} = t-1$ 期の6月末日の株価

なお第4章では，Brown（1999）に倣い，各変数を株価でデフレートすることによって基準化している［Brown（1999），p.104］[7]。極値については各変数の両端0.5％を除外している。

(3) 予測利益達成のための利益調整と企業価値説明力

(1) の検証によって標準化差異検定を行ない0付近の歪みが統計的にも有意であると判断されたならば，0に隣接する前後のグループと−0.015以下と+0.015以上の4つのグループに MFE_t を分類し，グループごとに回帰分析を行なう。そして，各グループの会計情報の企業価値の説明力について，決定係数を用いて調べる。グルーピングの方法は，−0.015以下，0直前，0直後，+0.015以上から順番に55社ずつをグループ化する。ここで−0.015以下のグループを GP4，0に隣接する左側のグループを GP3，0に隣接する右側グルー

プを GP2, そして + 0.015 以上のグループを GP1 とする。

　もし, 利益調整の存在が企業価値説明力に差異をもたらしているのであれば, その影響が現われるのは GP2 であると考えられる。そのため, 利益調整を行なっているとみなされる GP2 の決定係数の大きさは, 会計数値への信頼性が低くなり, 他のグループよりも決定係数が低くなると考えられる。

3-3　サンプルの収集方法

　第 4 章の分析対象期間は, 2001 年 3 月期から 2004 年 3 月期までであり, サンプルは次の基準を満たした企業を抽出した。

① 東証一部上場の企業
② 3 月期決算企業
③ 製造業 14 業種[8]

第 4 章で使用するデータは, 次のように収集している。

　　　株　　価　　東洋経済新報社『2004 年版　株価 CD-ROM』
　　　予測利益　　野村證券ホームページの「決算短信情報」および各企業のホームページから収集。
　　　財務データ　『日経財務データ CD-ROM　一般事業会社版』から収集。

なお本章では, P_t, BVP_t, NIP_t, MFP_t の各変数の 1 % を外れ値とみなし, サンプルから除去している。

　その結果, 2001 年から 2004 年まで基準を満たした各変数のサンプルとその基本統計量は図表 4-6 のようになった。

第 4 節　分析結果とその解釈

　第 4 節では, 最初に利益調整の存在を確認した分析結果を検討し, 次に利益調整を行なったと思われるヒストグラムの 0 付近のグループとそれ以外のグループの MFE_t の大きさをもとに 4 つに分類して, 各グループの会計数値の企業価値の説明力に差異が存在するか否かについてみていく。

図表4-6　各変数の基本統計量

	N	平均値	標準偏差	最小値	中央値	最大値
2001						
MFE	556	−0.0117	0.0477	−0.3568	−0.0015	0.1862
P	556	0.9474	0.2785	0.2948	0.9486	2.1708
BVP	556	0.9459	0.6297	0.0184	0.7997	3.8306
NIP	556	0.0020	0.0982	−0.8619	0.0252	0.1840
MFP	556	0.0436	0.0337	−0.1643	0.0388	0.1757
2002						
MFE	563	−0.0318	0.0748	−0.6346	−0.0082	0.0811
P	563	0.8290	0.1982	0.1789	0.8194	1.9774
BVP	563	0.9845	0.5667	0.0871	0.8683	3.3904
NIP	563	−0.0209	0.1077	−0.7484	0.0136	0.1335
MFP	563	0.0400	0.0311	−0.0819	0.0348	0.1953
2003						
MFE	592	−0.0268	0.0713	−0.5773	−0.0077	0.2659
P	592	1.1345	0.4062	0.3475	1.0460	4.4926
BVP	592	1.1881	0.7168	0.0729	1.0429	6.4129
NIP	592	0.0071	0.1102	−0.7829	0.0255	0.2783
MFP	592	0.0613	0.0505	−0.1127	0.0507	0.3759
2004						
MFE	583	−0.0056	0.0664	−0.6690	0.0036	0.2005
P	583	1.3427	0.3141	0.6038	1.3043	2.9519
BVP	583	1.1376	0.5588	0.0060	1.0558	3.7967
NIP	583	0.0457	0.0767	−0.5453	0.0515	0.2949
MFP	583	0.0700	0.0363	−0.0565	0.0648	0.2446

4-1　予測利益達成のための利益調整の有無の確認

(4-1) 式によって算出した MFE_t をもとに作成したヒストグラムが図表4-7の (1) から (4) である。(1) から (4) をみると，いずれの年度も0の前後で不自然な凹凸になっていることがわかる。そこで，この0付近における不規則な歪みが統計的に有意であるか否かを検証するため，標準化差異検定を行なった。図表4-8が検定結果である。

図表4-8をみると，2001年から2004年のすべての年度において，0の左側と右側の区間が，標準化差異の値が1％の有意水準である2.326をはるかに上

90　第4章　予測利益達成と企業価値説明力

図表4-7　MFE_t のヒストグラム

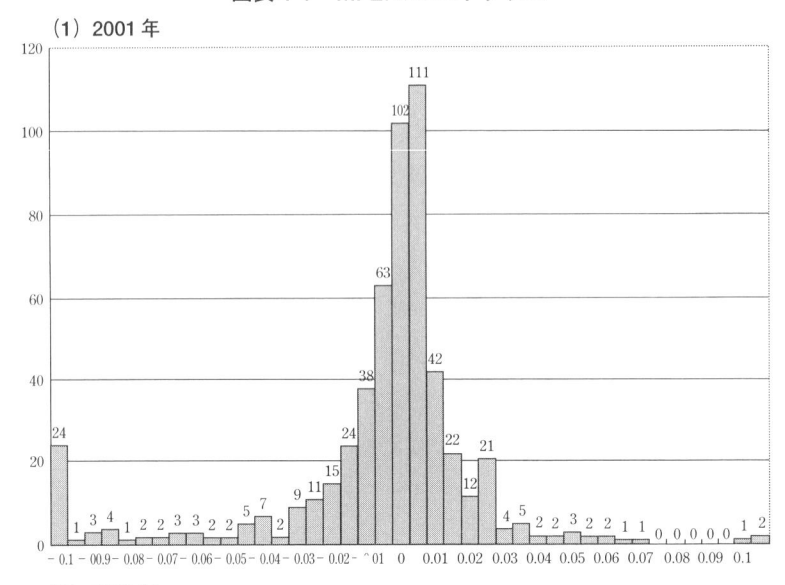

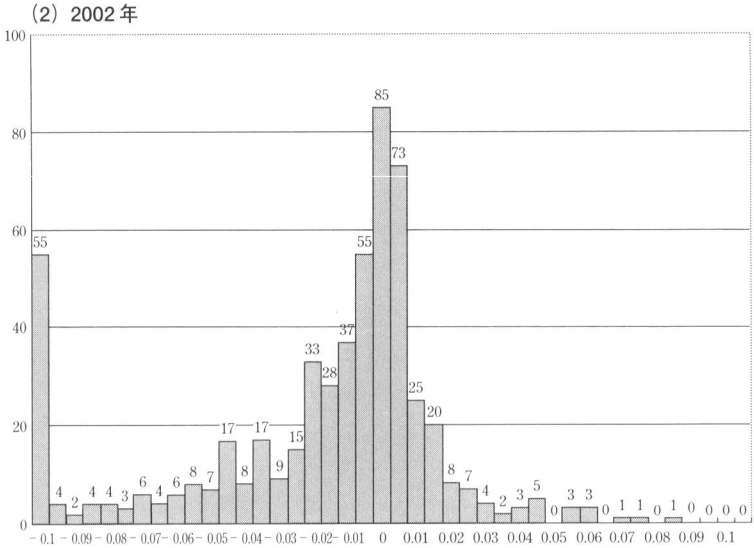

(1) 2001年

(2) 2002年

第4節　分析結果とその解釈　　91

(3) 2003年

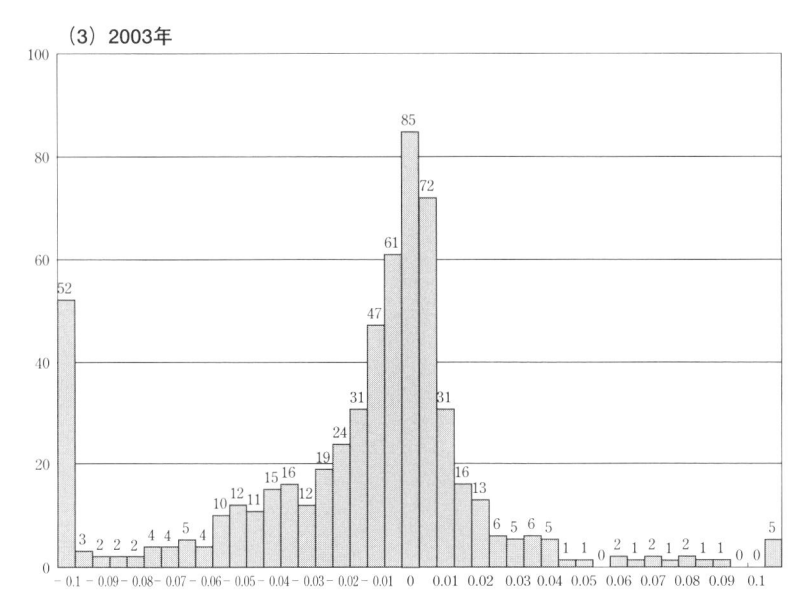

(4) 2004年

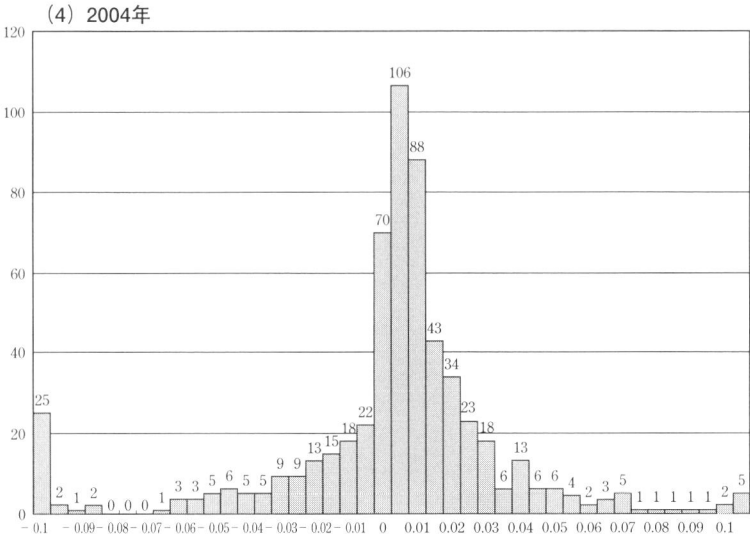

図表4-8 標準化差異検定の結果

	検定区間の標準化差異		検定区間以外の標準化差異			
	ゼロの左側	ゼロの右側	平均値	最小値	中央値	最大値
2001	14.3386	12.8822	0.4557	−0.0016	0.0074	7.1055
2002	8.7832	6.4656	0.3859	−0.0016	0.0230	5.4126
2003	8.4101	6.1994	0.4265	−0.0076	0.0227	5.9894
2004	6.7044	12.5696	0.5112	−0.0015	0.0266	9.8331

注) 検定区間以外とは，ゼロに隣接する2つの区間を除いたすべての区間である。
1%=2.326, 5%=1.645で有意である。

回る値となっており，統計的に有意であることがわかる。第3章の分析や須田・首藤（2005）でも，0前後に不自然な凹凸が存在しており，統計的に有意であったこととともにこの結果は一致する。

4-2 予測利益達成のための利益調整と企業価値説明力の関連

4-1の利益調整の存在を確認する分析において，0前後の不自然な歪みが統計的にも有意であることが明らかにされた。そこで以下では，MFE_tを4つのグループに分けて，0の直後のグループの調整済決定係数の大きさがそれ以外のグループと比較してどの程度異なっているかみていく。

（4-2）式によって測定した回帰係数と調整済 R^2（以下では決定係数と示す）の結果が図表4-9である。図表4-9の（1）から（4）は，プラスグループとマイナスグループに分け，それぞれのサンプル数と調整済決定係数，そして BVP, NIP, MFP の3つの変数の回帰係数と t 値を示したものである。

ここで各グループについて示すと次のとおりである。

　　G4 = MFE_t が −0.015 以下のグループ
　　G3 = MFE_t が 0 に隣接する左側のグループ
　　G2 = MFE_t が 0 に隣接する右側のグループ
　　G1 = MFE_t が +0.015 以上のグループ

ただ，グルーピングを行なった際に，2002年および2003年は，+0.015以上のG1グループの企業数が55社に満たなかった。そのため，その2つの年

図表 4-9　グループごとの企業価値関連性

(1) 2001 年

	N	調整済R^2	切片	BVP	NIP	MEF
マイナスグループ	321	0.2725	0.6606	0.1798 7.7723**	0.0172 0.1415	2.3617 5.9714**
G4	55	0.4085	0.5762	0.1641 3.0246**	0.2662 1.4776	4.9213 4.2665**
G3	55	0.3844	0.5432	0.1990 2.3629*	0.5199 0.6111	6.2706 3.2396**
プラスグループ	235	0.3965	0.6575	0.1145 5.4250**	−0.5778 −2.3770*	4.7342 9.9529**
G2	55	0.2715	0.5522	0.1293 1.5974	0.5293 0.4853	6.2164 3.3123**
G1	55	0.4500	0.7461	0.0935 3.1074**	−1.1950 −3.5314**	4.1716 6.1774**

(注) 変数下の値は t 値。* = 5%で有意，** = 1%で有意であることを示す。

(2) 2002 年

	N	調整済R^2	切片	BVP	NIP	MEF
マイナスグループ	407	0.1555	0.7061	0.0598 4.1498**	0.4131 5.8443**	1.3327 4.6027**
G4	55	0.1693	0.6508	0.0803 1.8533	−0.4461 −0.6247	2.2365 2.7984**
G3	55	0.2648	0.6657	0.0649 1.7756	2.0540 1.7472	1.6715 1.4000
プラスグループ	156	0.3124	0.7100	0.0309 1.0651	−0.4392 −1.0084	3.7026 7.5200**
G2	55	0.0593	0.8398	0.0092 0.2148	−2.7785 −2.0252*	2.8668 2.0778*
G1	39	0.4777	0.6509	0.0117 0.1967	0.0942 0.1501	4.5811 5.7195**

(注) 変数下の値は t 値。* = 5%，** = 1%で有意であることを示す。

(3) 2003年

	N	調整済 R^2	切片	BVP	NIP	MEF
マイナスグループ	419	0.5233	0.6051	0.1990	−0.3746	4.4035
				9.7525**	−3.2027**	14.4951**
G4	55	0.5404	0.5423	0.2260	−1.2720	4.7667
				4.1015**	−2.2737*	6.5312**
G3	55	0.6152	0.7142	0.0679	−2.6881	6.1913
				1.5037	−3.1711**	8.1765**
プラスグループ	173	0.3410	0.8673	0.0687	−0.5438	4.2781
				1.9001	−1.2803	7.9603**
G2	55	0.2733	0.8306	0.0852	−4.0600	6.6333
				1.2234	−2.3529*	3.6233**
G1	54	0.2984	1.0460	−0.0122	−0.4315	4.3277
				−0.1767	−0.7766	4.8619**

(注) 変数下の値はt値。 *=5%, **=1%で有意であることを示す。

(4) 2004年

	N	調整済 R^2	切片	BVP	NIP	MEF
マイナスグループ	214	0.3684	0.8881	0.0724	0.2188	4.5264
				2.7156**	1.2480	9.6833**
G4	55	0.5466	0.9109	0.0170	0.2168	5.2623
				0.4061	0.6988	7.0826**
G3	55	0.5277	0.7200	0.2081	1.6702	3.4959
				4.0118**	2.2365*	3.0399**
プラスグループ	369	0.3471	0.8858	0.1535	−0.2873	4.7206
				6.1613**	−0.9972	10.7420**
G2	55	0.1248	0.8778	0.1749	0.8762	3.0029
				1.9691*	0.7736	2.0995*
G1	55	0.3494	0.8323	0.2305	−0.5510	4.8578
				4.2584**	−0.8005	4.1454**

(注) 変数下の値はt値。 *=5%, **=1%で有意であることを示す。

度における G1 は 39 社,54 社となっている。

(1) から (4) までの各変数の回帰結果をみてみる。3 つの独立変数の t 値においては,MFP_t の t 値が他の 2 つの変数よりも高い値となっており,企業価値との MFP_t との関連が他の変数と比較して強いことがわかる。この結果は,一株当たり株主資本簿価や一株当たり当期純利益と比較しても予測利益と企業価値との関連が強いとした太田（2004）などの結果とも一致する。そして MFP_t の t 値は,2002 年の G3 以外のすべてにおいて有意な値となっている[9]。このことから,統計的にみても一株当たり純資産簿価や一株当たり当期純利益よりも経営者予測利益が企業価値と関連がより強いことがわかる。

次にモデル全体の説明力をみる調整済決定係数をみていくことにしよう。図表 4-9 の (1) から (4) における各グループの決定係数をみると,グループごとの差が大きいことがわかる。そこで,予測誤差率の大きさと企業価値との関連性を詳しく調べるために,グループごとの決定係数をまとめて検討することにする。図表 4-10 は,各グループの決定係数の数値の年度ごとの推移をまとめたものである。そして,図表 4-10 の決定係数の数値をグラフにしたものが図表 4-11 である。

図表 4-10 をみると,各年度の 0 直近のグループ G2 の決定係数が低くなっている。図表 4-10 の数値をグラフ化したものが図表 4-11 である。図表 4-11 をみると,G3 から G2 における決定係数の数値の落差は一目瞭然である。このことは,0 に隣接する左右の歪みが利益調整によるものであるとした先の標準化差異検定の結果（図表 4-8）と関連していると考えられる。

決定係数が低下した G2 グループは,0 をわずかに上回り 0 に隣接する右側の MFE_t を含むグループである。そして G2 は,標準化差異検定によって利益調整を行なっているとみなされたグループである。したがって,G2 の決定係数の低さは,利益調整の存在がそのグループの企業価値の説明力を下げたと考えることができる。なぜならば,G3 と G2 の区間におけるヒストグラムの異常性は統計的にも有意であった。しかし,異常性が統計的に確認されているにもかかわらず,G3 の決定係数が G2 のように低下しないのは,利益調整を行

図表4-10　グループごとの決定係数の推移

	G4	G3	G2	G1
2001	0.4085	0.3844	0.2715	0.4500
2002	0.1693	0.2648	0.0593	0.4777
2003	0.5404	0.6152	0.2733	0.2984
2004	0.5466	0.5277	0.1248	0.3494

図表4-11　グループごとの決定係数の推移のグラフ

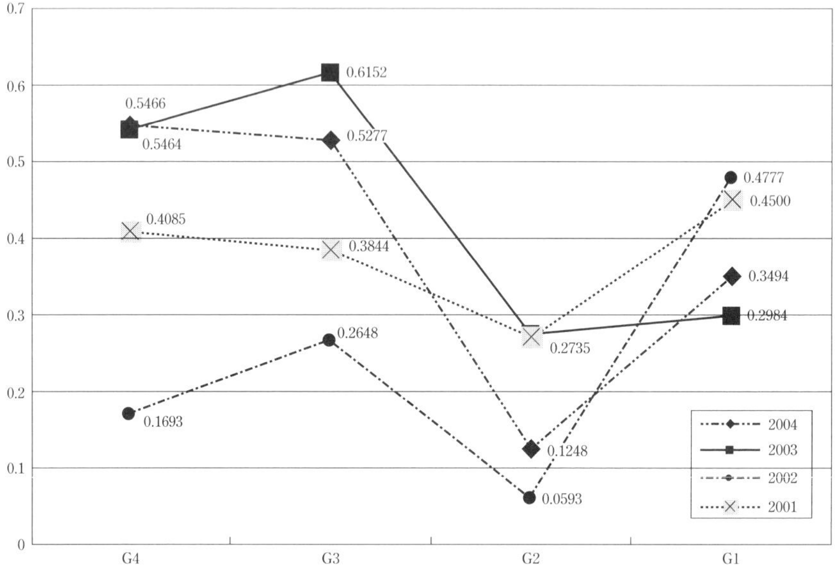

なっていないとみなされていると考えられるからである。

　ただし，第4章の分析結果を考える際には次の点を考慮する必要がある。通常，予測値を実績値が上回ればプラスのアーニング・サプライズが生じたこととなり，株価は上昇すると考えられる。アーニング・サプライズの考え方にたてば，本章において決定係数が低下したG2グループはわずかに予測値を実績値がわずかに上回った企業群であるから，株価もそれにともない上昇すると考えられる。しかし，たとえ実績値が予測値を上回ったとしても利益調整による存在が疑われる場合には，その企業の会計数値は利益調整によるものとみなさ

れて，企業価値の説明力は低くなるのである。

　第4章では，グループごとの決定係数の大きさを比較することによって，利益調整の存在と企業価値の説明力の関連について分析をした。分析の結果，2001年から2004年までのすべての年度において，4つのグループのなかでG2のグループの決定係数が最も低くなっていた。

　本章では，利益調整の存在という視点からMFE_tを測定し，MFE_tの大きさごとにサンプルを分類して，各グループの会計数値を用いて企業価値との関連を分析した。ここで再度，本章の結果を示すことにしよう。

　第一に，MFE_tのヒストグラムを利用して利益調整の有無を調査した結果，0の直前と直後で不自然な歪みが観測され，標準化差異検定の結果，統計的にも有意であることが確認された。したがって本研究の結果も先行研究と同様に，経営者が予測利益を満たすように実績利益を調整しているとする結果を支持したのである。

　第二に利益調整が確認されたことをうけて，MFE_tを0直前のG3直後のG2，とプラス0.015以上のG1とマイナス0.015以下のG4の4つのグループに分類し，グループごとの決定係数の大きさによって企業価値説明力を分析した。分析結果は，2001年から2004年のすべての年度において，G2グループすなわち，利益調整を行なうことによって予測利益を達成したグループにおける企業価値説明力が低くなっていることが明らかにされた。

　このことは，予測利益達成のために利益調整を行なったという存在が企業価値説明力に差異を及ぼすとする本章の研究目的を支持する結果となった。

第5節　む　す　び

　第4章では，予測利益達成のための利益調整の存在が企業価値の説明力に差異を及ぼすか否かについて検証した。本章の結果を要約すれば次のようになる。

　第一に，予測誤差率のヒストグラムを利用して利益調整の存在を調査した結

果，G3 と G2 で不自然な歪みが観測され，標準化差異検定の結果，統計的にも有意であることが確認された。したがって本研究の結果も先行研究と同様に，経営者や予測利益を満たすように実績利益を調整している。

第二に利益調整の存在が確認されたことをうけて，MFE_t を 0 直前 G3，直後 G2 のグループとプラス 0.015 以上 G1 とマイナス 0.015 以下 G4 の 4 つのグループに分類し，グループごとの決定係数の大きさによって企業価値の説明力を分析した。分析結果は，2001 年から 2004 年のすべての年度において，G2 グループにおける企業価値の説明力が低くなっていることが判明した。このことは，利益調整の存在が企業価値の説明力に影響を与えるとする本章の研究目的を支持する結果となった。

しかしながら第 4 章の分析には限界も存在する。まず本章では，利益調整の有無について誤差率の分布のみで判断しており，利益調整の方法についての分析は行なっていない。したがって，G2 グループの企業の中には利益調整ではなく，実際の企業努力の結果，予測値を満たして予測誤差率がプラスとなった企業も混在していることに注意しなければならない。

従来の研究では，利益調整と企業価値は別々に分析されることが多かった。第 3 章の分析から，予測利益を達成するために利益調整を行なった企業の企業価値の説明力は，それ以外の企業価値の説明力と比較して弱くなっており，利益調整の存在は，企業価値の説明力に差異を生じさせていることが明らかにされた。このことは利益調整の存在が会計数値と企業価値の関連性に差異をもたらしていることを示していると考えることができる。

第 4 章の分析結果は，本書の研究目的の一つである利益調整の存在は企業価値の説明力に差異を及ぼすか否かという課題にたいして，利益調整の存在が企業価値の説明力に差異をもたらしていたことを示した。しかし，先にも述べたようにヒストグラムによってのみの検証であることから，利益数値そのものへの利益調整の影響を把握することによって，本章の分析結果が含む限界を補なう必要がある。

[注]

（1） 富田（2004）は，実績値と予測値との乖離度合い，すなわち予測精度が，株価動向に影響を及ぼしていることも指摘している［富田（2004），194‐195頁］。
（2） 井上（2002）では，実績利益を実際利益という用語を使用している。
（3） 井上（2002）は親会社情報についても分析を行なっているが，ほぼ連結決算情報と同様の結果が得られている［井上（2002），64頁］。
（4） Dechow et al.（1999）では，Ohlson（1995）モデルによって企業価値関連性を分析している。Ohlson（1995）における「他の変数」については研究によってまちまちな変数が使用されていた。
（5） 分散によって共線性を調査する方法は，Variance-Inflation Factor（VIF）とCondition Indexであり，VIFが10以上であるとき，またCondition Indexが30以上であるときに共線性が懸念されるという。この2つの指標で調べた結果，各変数のVIFは，株主資本簿価 = 1.79，当期純利益 = 2.24，経営者予想利益 = 3.04 そしてCondition Indexが4.59となっていたことから，先の回帰式における多重共線性の問題とはならないとしている［太田（2004），180頁］。
（6） 太田は，太田（2005）において，Ohlson（2001）評価モデルの「他の情報」に，経営者予想利益，東洋経済新報社『会社四季報』の予想，そしてI/B/E/Sの予想を使用して，3つの予測利益の株価への織り込まれ度合いを分析し，それら予測利益の利用程度を比較している［太田（2005），144頁］。分析の結果，経営者予想と東洋経済新報社の予想はほぼ同程度の価値関連性を有し，I/B/E/Sの予想は低くなっていたという。このことから，太田（2005）は市場が経営者予想と東洋経済新報社の予想は利用しているがI/B/E/Sの予想はあまり利用されていないとしている［太田（2005），155頁］。この研究結果は，利用しやすい予想が株価に織り込まれることを示し，それゆえに，入手しやすい経営者予想は株価形成に与える重要性を示す研究である。
（7） 各変数を株価でデフレートするのは企業規模などを基準化するためである。
（8） 食品，繊維，化学，石油・石炭製品，ゴム製品，窯業，鉄鋼，非鉄金属，金属製品，機械，電気機器，輸送用機器，精密機器，その他製造
（9） 回帰分析を行なうにあたり変数ごとの相関についても調査した。その結果，変数間の多重共線性については問題がなかった。

第5章 裁量的発生高による利益調整

第1節 はじめに

　第3章の分析結果から，株価に対する影響力の強い予測利益数値についてはそれを達成するための利益調整が行われていることが明らかにされた。第4章では，本書の第1の研究目的を明らかにするため，利益調整を行なった企業の企業価値説明力がそうではない企業と比較して違いが生じるか否かについて検証した。その結果，利益調整を行なうことによって予測利益をわずかながらにも上回るような利益数値を公表した企業の企業価値説明力は，そうではない企業の企業価値説明力よりも低下していることが第4章の結果から示された。そして第4章の結果は，会計数値に対する信頼の程度が企業価値の説明力に反映すると考える一つの証左でもある。

　しかし第4章の分析の限界でも述べたように，ヒストグラムの形状によって利益調整の存在を判断する場合には，慎重にならなければならない。たとえば，Dechow et al. (2003) は，報告分布の不規則性は，分析対象とする数値を基準化する際に使用するデフレータやサンプルの選択によっても生じるとしているように，報告利益の分布による分析にはそうした限界がある。そのため，利益調整の存在や有無を発見するためには有効な手法であっても，会計利益に対する利益調整の直接的な影響を検証するためには報告分布では分析することはできないのである。

　前章の分析の限界を踏まえ第5章では，裁量的発生高を測定することによって会計利益に対する直接的な利益調整の影響を分析する。

裁量的発生高とは，会計利益と営業活動によるキャッシュ・フローとの差額である会計発生高を構成する項目の一つである。会計発生高は経営者によって調整が可能である裁量的発生高と調整不可能である非裁量的発生高の2つによって構成される。したがって，会計発生高に占める裁量的発生高が測定できれば，会計利益への利益調整の割合すなわち影響を把握することが可能になる。

　裁量的発生高を測定するためには，非裁量的発生高を推定しなければならない。いくつかある非裁量的発生高の測定モデルのうち第5章ではCFO修正ジョーンズモデルを用いて推定を行なう。その理由はCFO修正ジョーンズモデルが，わが国の証券市場での検証において特に推定力が高いということが須田(2007)などの研究によって明らかにされているからである。

　第5章では，測定した非裁量的発生高の期待値を会計発生高から控除することによって裁量的発生高を測定して，当期純利益に対する裁量的発生高の絶対額の割合をみることにより，会計利益に対する利益調整の影響を分析する。本章で使用する会計利益に対する裁量的発生高の比率による分析はBalsam(1998)や須田 (2007) などでも行なわれている。

　本章の分析は，本書の第2の研究目的である会計利益への利益調整の影響と企業価値説明力の関連を分析するための前段階となる会計利益への利益調整の影響を把握するものである。

　第5章の構成は次のとおりである。第2節では，会計利益の構成と裁量的発生高の測定方法について述べる。続く第3節では，本章の分析目的，分析手法および使用サンプルの収集方法について説明をする。そして第4節では分析結果を示し解釈を行なう。最後の第5節では，本章の要約と課題を提示する。

第2節　会計利益の調整手段である裁量的発生高の測定方法

　第2節では，最初に会計利益の構成についてみていく。そのうえで，会計利益の調整手段である裁量的発生高[1]の測定方法に関わる研究のレビューを行

ない，さらに裁量的発生高が会計利益に与える影響について調査した研究をみることにしよう。

2-1 会計利益の構成

会計利益の構成は図表5-1のようになっている。会計利益は，営業活動によるキャッシュ・フローと会計発生高で構成される。会計発生高とは，発生主義会計にもとづく売上債権，仕入債務などの変化額や減価償却費，引当金の計上額など特有な会計処理項目を示しており，それは経営者によって裁量可能な部分と景気変動などとともにシステマティックに変化して経営者による裁量を受けない非裁量的な部分によって構成される。そのため，利益調整行動を分析するためには，会計発生高から非裁量的発生高を除くことによって，裁量的発生高を抽出する必要がある。

会計発生高は，(5-1) 式のように会計利益から営業活動によるキャッシュ・フローを差し引くことによって算出される。

$$会計発生高 = 税引後経常利益 - 営業活動によるキャッシュ・フロー$$
$$= 当期純利益 - 特別利益 + 特別損失$$
$$- 営業活動によるキャッシュ・フロー \cdots\cdots (5-1)$$

会計発生高を算出したら，会計発生高から非裁量的発生高を控除して裁量的発生高を測定する。2-2では裁量的発生高の測定法についてみていくことにしよう。

図表5-1 会計利益の構成

会　計　利　益		
営業活動によるキャッシュ・フロー	会計発生高	
営業活動によるキャッシュ・フロー	裁量的発生高	**非裁量的発生高**

出所：須田 (2007)，90頁。

2-2 裁量的発生高の測定方法

非裁量的発生高の推定は Jones (1991) によるジョーンズモデルをもとに改良された修正ジョーンズモデル，キャッシュ・フローを組み込んだ CFO 修正ジョーンズモデルなど様々なモデルがある。ここでは，近年の利益調整研究で頻繁に使用される Jones (1991)，Dechow et al. (1995)，Kaznik (1999) の3つのモデルを紹介しよう。

(1) ジョーンズモデル

Jones (1991) の提案したジョーンズモデルは，会計発生高の構成要素の非裁量的発生高は一定であると仮定している。そしてこのモデルでは，非裁量的発生高にもとづく企業の経済環境における変化の影響を調整することを試みており，(5-2) 式によって，会計発生高を推定する ［Jones (1991), p.213］。

$$TA_{it}/A_{it-1} = \alpha_i [1/A_{t-1}] + \beta_{1i}[\Delta REV_t/A_{it-1}] + \beta_{2i}[PRE/A_{it-1}] + \varepsilon_{it} \cdots\cdots (5-2)$$

ここで，

TA_{it} = i 企業についての t 期における会計発生高

ΔREV_t = i 企業についての前期と当期の売上高差額

PRE_t = i 企業の t 期についての償却性資産

A_{t-1} = i 企業の $t-1$ 期についての総資産

ε_{it} = i 企業の t 年における誤差項

上の変数はいずれも期首総資産で控除している。

Jones (1991) は，(5-2) 式にあるように売上高を非裁量的であるとしている点に特徴がある。たしかに対価としてすべて現金で受け取り可能であるならば，売上高には経営者の裁量の余地はない。しかし，掛や手形など売上債権による売買では，キャッシュが流入せず，売上高のすべてが現金回収されているわけではなく，実際に入金がなされていない場合も存在する。こうした取引では，営業活動によるキャッシュ・フローがその分だけ増加しないため，会計発生高が増加する。

このモデルは，売上高のすべてを非裁量的であるとしている点に問題がある。しかし次にみる Dechow et al. (1995) では，売上高の増加から売上債権の

増加額を控除したものを非裁量的発生高としており,Jones (1991) モデルの問題点に修正を加え売上債権を考慮したモデルを示している。

(2) 修正ジョーンズモデル

Dechow et al. (1995) が示した推定式は (5-3) 式である [Dechow et al. (1995), p.199]。

$$NDA_t = \alpha_1 (1/A_{t-1}) + \alpha_2 (\Delta REV_t - \Delta REC_t) + \alpha_3 (PRE_t) \cdots\cdots\cdots (5-3)$$

ここで,

NDA_t = t 期における非裁量的発生高

ΔREV_t = t 期についての前期と当期の売上高差額

ΔREC_t = t 期についての前期と当期の売上債権差額

PRE_t = t 期についての償却性資産

A_{t-1} = $t-1$ 期についての総資産

(5-2) 式と (5-3) 式を比べると,ΔREV_t から ΔREC_t となっている点が異なる。ここに ΔREC_t は,t 期における売上高から $t-1$ 期の売上債権を控除した売上債権を $t-1$ 期総資産で除したものであり,α_1,α_2,α_3 は (5-2) 式のジョーンズモデルによって推定した α_i,β_{1i} および β_{2i} のものと同様のパラメータである。

ところで,Dechow et al. (1995) は,その論文にてジョーンズモデルをはじめヒーリーモデルやディアンジェロモデルなどいくつかの裁量的発生高の推定モデルを使用して裁量的発生高の検証力の比較を行なっている。その結果,ジョーンズモデルと修正ジョーンズモデルの2つのモデルはヒーリーモデル[2]やディアンジェロモデル[3]に比べて非裁量的発生高の測定誤差が少なく,会計発生高に含まれる裁量的発生高の説明力が高いことを明らかにした [Dechow et al. (1995), p.219]。

さらに Dechow et al. (1995) は,ジョーンズモデルの裁量的発生高の推定力について詳細な検証を行なった。ジョーンズモデルと修正ジョーンズモデルの両モデルの相違点は,売上高に含まれる売上債権を考慮するか否かである。そこで Dechow et al. (1995) は,裁量的発生高の測定にたいする売上高における

売上債権の影響についても分析をしている［Dechow et al.（1995），p. 222］。

結果は図表5-2である。パネルAの売上高調整を行なっている企業のZ値は，ジョーンズモデルは1.56，修正ジョーンズモデルが3.88で1％有意である。このことは，売上高に売上債権などを含めた企業の測定には，修正ジョーンズモデルが有効であることを示している。そしてパネルBの売上高調整を行なっていない企業における分析結果については，ジョーンズモデルと修正ジョーンズモデルのZ値が3.80，4.31となり，ともに1％で両モデルとも有意になっている。

売上高に含まれる売上債権を考慮するか否かが，売上高における利益調整を把握するためにどの程度効果的であるかを検証したこの結果は，ジョーンズモデルよりも修正ジョーンズモデルのほうが裁量的発生高の推定には有効であることも示した［Dechow et al.（1995），p. 223］。

Dechow et al.（1995）は，売上高に含まれる売上債権を考慮した修正ジョーンズモデルを提案することにより，裁量的発生高の推定力を高めたのである。

図表5-2 売上高調整に関する分析結果

パネルA：売上高調整を行なっている18企業					
	平均値	標準偏差	第1四分位	中央値	第3四分位
ジョーンズモデル Z値 = 1.56	0.005	0.185	−0.030	0.038	0.095
修正ジョーンズモデル Z値 = 3.88**	0.091	0.288	0.009	0.074	0.183
パネルB：売上高調整を行なっていない14企業					
ジョーンズモデル Z値 = 3.80**	0.310	0.482	−0.017	0.122	0.513
修正ジョーンズモデル Z値 = 4.31**	0.274	0.368	−0.005	0.118	0.515

出所：Dechow et al.（1995），p.222, Table6を一部修正して作成。

Dechow et al.（1995）が提案した修正ジョーンズモデルでは，売上高のうち現金回収と売上債権による回収の2つに分類して，売上高を裁量的な部分と非裁量的な部分に区分した。したがって，会計利益における利益調整の検討では，売上高を2つに分類するのに加えて，本業によるキャッシュの出入りを示す営業活動によるキャッシュ・フローも含めたほうが，より厳密に裁量的発生高を把握することが可能になるとも考えられる。この点に注目したモデルを提案したのが次にみる Kaznik（1999）である。

(3) CFO 修正ジョーンズモデル

Kaznik（1999）は，修正ジョーンズモデルに営業活動によるキャッシュ・フローの変化額を加えた（5-4）式のモデルを提案した［Kaznik（1999），p. 64］。このモデルは CFO 修正ジョーンズモデルと呼ばれる。

$$TAC_{j,p} = \alpha_p + \beta_{1,p}\Delta ADJREV_{j,p} + \beta_{2,p}PRE_{j,p} + \beta_{3,p}\Delta CFO_{j,p} + \varepsilon_{j,p} \quad \cdots\cdots(5-4)$$

ここで，TAC ＝会計発生高

$\Delta ADREV$ ＝売上債権の変化によって修正された売上高の変化額

PRE ＝償却性固定資産

ΔCFO ＝営業活動によるキャッシュ・フローの変化額

j ＝推定ポートフォリオ p 内における企業数と業種を示す。

すべての変数は，期首総資産額でデフレートしている［Kaznik（1999），p. 64］。

Kaznik（1999）の（5-4）式も（5-2）式や（5-3）式と同様に，同業種ごとのクロスセクション型推定[4]によって会計発生高を推定する。

Kaznik（1999）は会計発生高に占める非裁量的発生高を（5-5）式で推定している。

$$NDAC_{i,p} = \alpha_p + b_{1,p}\Delta ADJREV_{i,p} + b_{2,p}PRE_{i,p} + b_{3,p}\Delta CFO_{i,p} \quad \cdots\cdots\cdots(5-5)$$

ここで，$NDAC_{i,p}$ ＝非裁量的発生高であり，α, b_1, b_2 および b_3 は，$TAC_{j,p}$ における α, β_1, β_2 および β_3 の推定値を示している。発生高の推定誤差，すなわち会計発生高と推定した非裁量的発生高の差額は裁量的発生高の代替変数である。式に示せば（5-6）式のようになる［Kaznik（1999），p. 66］。

$$DAC_i = TAC_i - NDAC_i \quad \cdots\cdots\cdots\cdots\cdots\cdots\cdots\cdots\cdots\cdots\cdots\cdots\cdots\cdots(5-6)$$

ここで，DAC_i = 裁量的発生高を示す。

以上が，Jones（1991）によるジョーンズモデル，そしてそのモデルに改良を加えた修正ジョーンズモデルおよびCFO修正ジョーンズモデルの各モデルについてである。

2-3 会計利益への裁量的発生高の影響

2-2では，裁量的発生高を測定する3つのモデルの説明を行なった。2-3では，それら3つのモデルに加えて，ヒーリーモデル，ディアンジェロモデルの2つのモデルの合計5つのモデルによって量的発生高を測定して，会計利益に対する裁量的発生高の影響を調査した研究をみてみよう。

(1) Balsam（1998）の研究

Balsam（1998）は，会計利益にたいする裁量的発生高の影響を測定するため，ヒーリーモデル，ディアンジェロモデル，ジョーンズモデル，修正ジョーンズモデル，CFO修正ジョーンズモデルの5つの裁量的発生高モデルによる分析を行なった［Balsam（1998），p.237］。

分析では，(5-7)式に示したような，絶対値を付した裁量的発生高を当期純利益で割ることによって，会計利益に対する裁量的発生高の影響を測定している。

$$\left(\frac{|裁量的発生高|}{当期純利益}\right) \quad \cdots\cdots(5-7)$$

(5-7)式による分析結果は図表5-3のとおりである。図表5-3をみると，ヒーリーモデル295％，ディアンジェロモデル214％，ジョーンズモデル299％，修正ジョーンズモデル219％そして，CFO修正ジョーンズモデルは370％となっており，①から⑤までの5つのモデルにおいて当期純利益に対する裁量的発生高の割合が100％を超過している［Balsam（1998），p.237］。Balsam（1998）の結果は，当期純利益に対して与える裁量的発生高の影響が大きいことを示している。

第 2 節　会計利益の調整手段である裁量的発生高の測定方法

図表 5-3　Balsam (1998) の分析結果

裁量的発生高	平均値	第1四分位	中央値	第3四分位
報告利益	217,118	51,362	111,076	253,227
① ヒーリーモデル	295	36	79	162
② ディアンジェロモデル	214	19	47	107
③ ジョーンズモデル	299	23	56	132
④ 修正ジョーンズモデル	219	19	46	106
⑤ CFO修正ジョーンズモデル	370	42	45	256

出所：Balsam(1998), p.237, TABLE 1 PanelBを一部修正して作成。なお，報告利益の単位はドル。それ以外の単位は％である。

(2) 須田・首藤 (2007) の研究

須田・首藤 (2007) は Balsam (1998) の調査方法と同様の手法でわが国の企業の報告利益にたいする裁量的発生高の影響を分析した。須田・首藤 (2007) は，ジョーンズモデル，修正ジョーンズモデル，CFO ジョーンズモデル，CFO 修正ジョーンズモデルの 4 つを使用して，それぞれクロスセクション型で裁量的発生高を算出している。そして，それらのモデルで算出した裁量的発生高を使用して (5-8) 式によって会計利益にたいする影響力を測定している [須田・首藤 (2007) 96 頁]。

$$\left(\left| \frac{裁量的発生高}{税引後経常利益} \right| \right) \quad \cdots\cdots(5-8)$$

須田・首藤 (2007) は，分母に当期純利益から特別損益を加減して算出する税引後経常利益[5]を使用していることと，分子と分母の両方に絶対値を付している点が先の Balsam (1998) と異なる点である [須田・首藤 (2007), 96 頁]。

分析には，1991 年から 2000 年までの上場企業 2,110 社から構成された 18,658 個のサンプルを使用している。4 つのモデルによって算出した比率は図表 5-4 のとおりである

図表 5-4 では，(5-8) 式で算出した値の平均値が①から④までの 4 モデル

図表5-4 須田・首藤（2007）の分析結果

裁量的発生高	サンプル	平均値	第1四分位	中央値	第3四分位
① ジョーンズモデル	18,658	752.692	58.921	147.368	356.224
② 修正ジョーンズモデル	18,658	757.214	56.258	140.194	340.789
③ CFOジョーンズ	18,658	566.237	43.137	108.381	268.783
④ CFO修正ジョーンズモデル	18,658	575.573	43.928	108.878	268.161

出所：須田・首藤（2007），96頁，図表4-2を参考に一部修正して作成。単位は，サンプル数は個，それ以外は％である。

で550％を超過している。平均値は極値の影響を受けるため中央値でみても，CFOジョーンズモデルの108.381からジョーンズモデルの147.366の値となっており，会計利益にたいする裁量的発生高の影響が強いことがわかる［須田・首藤（2007），96頁］。

須田・首藤（2007）は，図表5-4の結果について，わが国でも会計利益に対する利益調整の影響が強く，この結果は，利益調整を通じた会計利益への利益操作が可能であることを示すものであるとしている［須田・首藤（2007），97頁］。

2-3のBalsam（1998）と須田・首藤（2007）の2つの分析結果は，米国およびわが国においても，会計利益に対する利益調整の影響が強いことを示した。

第3節　研究目的と分析手法およびサンプルの収集方法

第3節では，第5章の研究目的と分析手順および使用サンプルについて説明する。

3-1　研究目的

本章の目的は2-3でレビューした研究と同様の手法を使用して，会計利益に対する利益調整の影響とその傾向を分析することである。裁量的発生高の測

定には，CFO 修正ジョーンズモデルを使用する。

会計利益は，図表 5-1 で示したように営業活動によるキャッシュ・フローと会計発生高の合計額で示される。さらに会計発生高は，経営者によって裁量可能な裁量的発生高と経営者の裁量が及ばない非裁量的発生高に分けられる。このうち本章の分析と関連するのは，会計発生高の構成要素の一つである裁量的発生高である。裁量的発生高は，経営者の裁量によって可変な要素であるため，この部分を分析することで，経営者の会計利益に対する利益調整を把握することが可能となる。経営者による利益調整の傾向が，利益増加型の利益調整を行なえば裁量的発生高はプラスとなり，利益減少型の利益調整を行なえば裁量的発生高はマイナスを示すことになる。

第 5 章と第 6 章の 2 つの章では，第 2 の研究目的である会計数値への裁量的発生高の影響が企業価値説明力に差異をもたらすか否かを検証する。

この研究目的を達成するための分析手順を示せば図表 5-5 のようになる。第 1 ステップでは，裁量的発生高を測定する。第 2 ステップでは，会計利益に対する裁量的発生高の割合を測定し，その比率の大きさをもとにポートフォリオを作成する。第 3 ステップでは第 2 ステップで分類したポートフォリオごとに企業価値説明力をみていく。この 3 つのステップを踏むことによって，会計数値への利益調整の影響が企業価値説明力に及ぼす影響が明らかになる。そのためまず最初に第 5 章では第 1 ステップと第 2 ステップの分析を行ない会計利益への裁量的発生高の影響力を把握する，次の第 6 章で第 3 ステップの分析を

図表 5-5　裁量的発生高による利益調整の影響と企業価値説明力の分析

【第 1 ステップ】　裁量的発生高の測定（第 5 章）
　　　↓
【第 2 ステップ】　会計利益に対する裁量的発生高の影響度合の測定
　　　　　　　　　　　　　　　　　　　　　　　　　（第 5 章）
　　　↓
【第 3 ステップ】　影響度合ごとにポートフォリオを作成して，
　　　　　　　　　各ポートフォリオの企業価値説明力を検証（第 6 章）

行なう。

3-2 会計数値に対する裁量的発生高の影響

第5章の分析手法は,次に示すとおりである。

(1) 裁量的発生高の測定

図表5-1で示したように,会計利益は営業活動によるキャッシュ・フローと会計発生高で構成される。裁量的発生高による分析では,最初に会計発生高を算出する。会計発生高は,会計利益と営業活動によるキャッシュ・フローの差額であり,(5-9)式で算出される。なお,各変数は期首の総資産額でデフレートして基準化する。

$$\text{会計発生高} = \text{税引後経常利益} - \text{営業活動によるキャッシュ・フロー}$$
$$= \text{当期純利益} - \text{特別利益} + \text{特別損失}$$
$$- \text{営業活動によるキャッシュ・フロー} \quad \cdots (5\text{-}9)$$

(5-9)式は,会計利益から営業活動によるキャッシュ・フローを直接減額して算出されることから,直接導出法[6]とよばれる[須田(2007),91頁]。

(5-9)式によって会計発生高が算出されたならば,次に経営者の利益調整行動が現われる裁量的発生高を算出しなければならない。図表5-1によれば,裁量的発生高は,会計発生高から非裁量的発生高を控除することにより計算される。

非裁量的発生高の推定方法にはいくつかのモデルがあるが本章では,Kaznik(1999)による(5-10)式のCFO修正ジョーンズモデルを使用して,クロスセクション型の推定を行なう。

$$\text{会計発生高}_{j,p} = \alpha + \beta_1(\Delta\text{売上高}_{j,p} - \Delta\text{売上債権}_{j,p}) + \beta_2\text{償却性固定資産}_{j,p}$$
$$+ \beta_3\Delta\text{営業活動によるキャッシュ・フロー}_{j,p} + \varepsilon_j \cdots\cdots\cdots(5\text{-}10)$$

ここで,Δは期中増減額を示している。なお,各変数は期首の総資産総額で除することによって基準化している。

(5-10) 式が非裁量的発生高の予測モデルであり[7]，このモデルを使用して裁量的発生高を算出する。裁量的発生高の推定は，クロスセクション型推定によって業種ごとに行なう。推定は，(5-10) の回帰式に，t 年における j 社が属する業種のすべての企業の財務データを組み込み α，β_1，β_2，β_3 の係数を推定する。

　次に (5-10) 式で t 年度における j 社の属する業種のデータを推定したならば，それぞれの式で推定した α，β_1，β_2，β_3 を，j 社の回帰式に代入して j 社の期待値すなわち非裁量的発生高を求める。

　非裁量的発生高を算出したならば，最後に t 年の j 社における会計発生高から非裁量的発生高を控除して，(5-11) 式に示すように裁量的発生高を算出する［須田 (2007)，94 頁］。

$$裁量的発生高_{j,p} = 会計発生高_{j,p} - [\hat{\alpha}_1 + \hat{\alpha}_2 (\Delta 売上高_{j,p} - \Delta 売上債権_{j,p}) + \hat{\alpha}_3 償却性固定産 + \hat{\alpha}_4 \Delta CFO_{j,p}] \cdots\cdots (5-11)$$

ここで，$CFO = $ 営業活動によるキャッシュ・フローを示す。

　(5-11) 式で算出された裁量的発生高が，プラスの場合には利益増加型，マイナスの場合には利益減少型の利益調整が行なわれたことを示す。

(2) 会計利益に対する裁量的発生高の影響

　CFO 修正ジョーンズモデルによって裁量的発生高を測定したら，次に説明する (5-12) 式によって裁量的発生高が会計利益に与える影響を測定する。

　Balsam (1998) や須田 (2007) では，(5-7)，(5-8) 式によって裁量的発生高が会計利益に与える影響について分析を行なっていた。本章でも先行研究に倣い，同様の方法で，会計利益における裁量的発生高の影響を把握することとする。本章で使用する比率は (5-12) 式のとおりであり，Balsam (1998) と同様に分母に当期純利益を用いる。

$$影響比率 = \frac{|裁量的発生高|}{当期純利益} \cdots\cdots\cdots\cdots\cdots\cdots\cdots\cdots\cdots\cdots (5-12)$$

　(5-12) 式によって算出した比率は，会計利益にたいする裁量的発生高の影

響をみるものである。したがって本書では，(5-12) 式の比率を，便宜的に DA/E 比率とよぶ[8]。

(5-12) 式で算出された DA/E 比率は，比率が高ければ高いほど，会計利益に対する利益調整の余地が大きいことを示す。本章では，DA/E 比率を昇順に並べてサンプルを均等に分割して，ポートフォリオを作成する。そして，分類されたポートフォリオについては，それぞれの裁量的発生高の平均値と中央値も求める[9]。そのうえで，分母の当期純利益を当期純損失と当期純利益に分類して，それぞれの場合における，利益調整の大きさと向きについても検証する。

3-3　サンプルと基本統計量

第5章の分析では，次の条件を満たす企業を使用する。2000年から2004年までの間に東京証券取引所の一部に上場している企業のうち，①決算期間が12ヵ月である3月決算の企業，②東証一部上場の製造業であること[10]を条件にサンプルを選択した。図表5-6が本章で使用するサンプルの各変数の基本統計量である。

図表5-6　各変数の基本統計量

変　数	N	平均値	標準偏差	最小値	最大値
会計発生高	2789	−0.0570	0.0450	−0.2809	0.1420
⊿売上高−⊿売上債権	2789	0.0166	0.0741	−0.4295	0.3462
償却性資産	2789	0.1986	0.0938	0.0149	0.5079
営業活動によるキャッシュ・フロー	2789	0.0033	0.0463	−0.1974	0.2033

注：裁量的発生高を推定するために使用した財務データは，『日経財務データ CD-ROM 一般事業会社版』から入手した。

第4節　分析結果とその解釈

第4節では最初に DA/E 比率の基本統計量を示し，4-2 では，会計利益に対する利益調整の影響をサンプル全体で把握してから，分母が当期純損失と当期純利益である場合の利益調整の傾向と影響力をみる。

4-1　会計利益と裁量的発生高の関連

会計利益に対する利益調整の影響をみる DA/E 比率の分子の裁量的発生高は CFO 修正ジョーンズモデルによって測定した。CFO 修正ジョーンズモデルで算出した DA/E 比率の基本統計量は図表 5-7 のとおりである。

図表 5-7 の DA/E 比率の基本統計量では，2002 年から 2005 年までのプー

図表 5-7　DA/E比率の基本統計量
CFO修正ジョーンズモデル

	N	マイナス	プラス	平均値	標準偏差	最小値	最大値
プール	2789	550	2239	1.6718	12.0945	−397.5592	198.3380
2002年	698	248	450	1.6383	20.2102	−397.5592	198.3380
2003年	696	181	515	1.8398	9.2752	−42.0785	156.2297
2004年	697	67	630	1.7527	7.2258	−19.6548	149.5876
2005年	698	54	644	1.4571	6.2174	−12.0537	116.9711
sec_1000	301	80	221	2.7640	11.6840	−25.3851	168.5609
sec_2000	176	17	159	0.9031	3.9526	−19.6548	34.9208
sec_3000	173	38	135	1.9669	11.7679	−11.4488	149.5876
sec_4000	437	42	395	1.7082	10.9424	−42.0785	156.2297
sec_5000	454	117	337	0.8435	20.1609	−397.5592	116.9711
sec_6000	819	193	626	1.6525	9.4498	−30.3194	198.3380
sec_7000	429	63	366	1.9780	8.3865	−16.4272	101.5601

注：図表 5-6 の業種分類は日経中分類にもとづいて分類している。業種は次のようである。
　sec_1000＝建設，sec_2000＝食品，sec_3000＝パルプ・紙，sec_4000＝化学工業，医薬品，精密機器，sec_5000＝石油，ゴム，窯業，鉄鋼業，機械，非鉄金属，金属製品，sec_6000＝電気機器，sec_7000＝造船，自動車，自動車部品，その他輸送，その他製造

ルデータ，年度別および業種別のサンプル数とそれぞれのグループにおけるマイナスとプラスのサンプル数，平均値，標準偏差，最小値および最大値を示している。

プールにおけるマイナスサンプルとプラスサンプルの割合をみると，全サンプルの約5分の1にあたる550がマイナスであり，それ以外がプラスとなっている。年度別にマイナスサンプルの割合をみると，2002年がもっとも多くそれ以降の年度のマイナスのサンプル数が減少傾向にある。業種別にみた場合には，sec_5000およびsec_6000がマイナスサンプルの割合が他業種より比較的多くなっている。

4-2 DA/E比率の大きさと裁量的発生高の関連

ここではDA/E比率の大きさと裁量的発生高の関連についてみていく。もし，DA/E比率と裁量的発生高の両者に関連があれば，DA/E比率がマイナスのポートフォリオでは裁量的発生高がプラスとなり利益増加型の利益調整を行なっており，DA/E比率がプラスのポートフォリオでは利益減少型の利益調整を行なっていることが考えられる。なお，DA/E比率は分子に絶対値を付しているため，DA/E比率がマイナスの場合には当期純損失，プラスの場合には当期純利益である。

図表5-8から図表5-10は，いずれの表もDA/E比率を昇順に並べて，サンプルを均等に分類してポートフォリオを作成したものである。そして各ポートフォリオのDA/E比率と裁量的発生高の平均値と中央値および当期純利益の平均値を示したものである。

図表5-8は全サンプルを均等に分類したものであり，図表5-9は分母が当期純損失であるポートフォリオであり，図表5-10は分母が当期純利益であるポートフォリオである。

(1) 全サンプルの傾向

最初にサンプル全体の傾向をみていくことにしよう。図表5-8のPF1とPF2は，分母が当期純利益であり，PF3からPF10までは分母が当期純損失の

図表5-8 会計利益への利益調整の影響（全サンプル）

PF	影響比率		当期純利益	裁量的発生高	
	平均値	中央値	平均値	平均値	中央値
1	−6.1050	−2.6365	−0.0148	0.0259	0.0301
2	−0.5355	−0.5122	−0.0514	0.0164	0.0142
3	0.0562	0.0608	0.0152	0.0001	−0.0001
4	0.2459	0.2446	0.0377	−0.0023	−0.0032
5	0.4078	0.4087	0.0406	−0.0099	−0.0112
6	0.5748	0.5731	0.0392	−0.0118	−0.0145
7	0.7944	0.7894	0.0344	−0.0148	−0.0131
8	1.1244	1.1175	0.0275	−0.0135	−0.0155
9	1.6841	1.6319	0.0195	−0.0126	−0.0131
10	3.1523	2.9699	0.0115	0.0044	0.0163
11	16.9752	9.4207	0.0040	0.0175	0.0265

ポートフォリオである。そのため，PF1とPF2のDA/E比率はマイナスとなっており，それ以外のポートフォリオのDA/E比率はすべてプラスとなっている。DA/E比率と裁量的発生高の2つの推移をPF1からPF10までみてみると，PF1とPF2のDA/E比率がマイナスであるポートフォリオでは，プラスの裁量的発生高を計上しており，利益増加型の利益調整を行なっている。それにたいして，PF3からPF9までのDA/E比率がプラスのポートフォリオでは，裁量的発生高がマイナスの値となり利益減少型の利益調整を行なっていることがわかる。しかし，PF10とPF11はDA/E比率がプラスであるが，PF3からPF9とは異なり裁量的発生高はプラスの利益増加型の利益調整を行なっている。

図表5-8のPF1およびPF2のポートフォリオのDA/E比率

は，−6.1050，−0.5355とマイナスであり，この2つのポートフォリオの当期純利益は−0.0148と−0.0514となっている。そして，裁量的発生高をみると，PF1が0.0259，PF2が0.0164となっている。このことは，PF1のように損失額がわずかにマイナスである場合には，損失額が大きくマイナスである場合に比べて，損失額を小さくしようという動機が強く働くため，損失額が大きい企業よりも多めに裁量的発生高を計上するものと考えられる。

　PF1やPF2のように損失額を小さくするために利益増加型の利益調整が行なわれるのと同様に，PF10やPF11のように当期純利益がわずかにプラスの企業の場合にも，プラスの裁量的発生高を計上することによって，利益増加型の利益調整を行ない損失回避行動を取っていると考えられる。

　それ以外のPF3からPF9までのポートフォリオにおけるDA/E比率と裁量的発生高の関係についてみると，PF3の裁量的発生高の平均値が0.0001となりほんのわずかであるがプラスとなっている。PF3のDA/E比率の平均値，中央値ともにプラスであり，当期純利益はPF10の0.0115と同様に0.0152でありわずかなプラスである。このことは先にも示したように，わずかにプラスの当期純利益である場合には，もともとは損失であった可能性が高く，利益増加型の利益調整を行なうことによって利益を捻出していると考えられる。

　図表5-8の分析結果から，DA/E比率がマイナスである場合には，プラスの裁量的発生高を計上した利益増加型の利益調整を行なっていることが示された。それに対して，DA/E比率がプラスの場合には，マイナスの裁量的発生高を計上することにより，利益減少型の利益調整を行なう傾向があることも確認された。しかし，DA/E比率がプラスであっても，分母の当期純利益の値が極端に小さい場合には，DA/E比率がマイナスである場合と同様に，プラスの裁量的発生高を計上し，利益増加型の利益調整が行なわれていることも明らかにされた。

(2)　**当期純損失である場合の傾向**

　次に図表5-9の分母が当期純損失である場合のDA/E比率の分析結果についてみていくことにしよう。DA/E比率の平均値および中央値の大きさと裁量

図表5-9　会計利益への利益調整の影響（分母が当期純損失）

PF	影響比率		当期純損失	裁量的発生高	
	平均値	中央値	平均値	平均値	中央値
1	−20.5898	−10.1915	−0.0039	0.0325	0.0357
2	−4.4943	−4.3461	−0.0085	0.0155	0.0250
3	−2.7248	−2.6862	−0.0141	0.0317	0.0335
4	−1.8130	−1.7845	−0.0178	0.0208	0.0274
5	−1.3031	−1.2876	−0.0292	0.0299	0.0251
6	−0.9615	−0.9617	−0.0342	0.0232	0.0246
7	−0.7229	−0.7112	−0.0437	0.0226	0.0193
8	−0.5269	−0.5274	−0.0504	0.0170	0.0151
9	−0.3542	−0.3497	−0.0590	0.0141	0.0110
10	−0.2132	−0.2133	−0.0548	0.0061	0.0045
11	−0.0654	−0.0661	−0.0911	0.0043	0.0008

的発生高の平均値と中央値の大きさと方向の関連についてみると，DA/E比率がマイナスである場合には，11個すべてのポートフォリオにおいて裁量的発生高がプラス方向を示し，利益増加型の利益調整を行なっている。そして，裁量的発生高の平均値と中央値によってポートフォリオ別の利益調整の影響度合についてみると，PF1のポートフォリオの値が0.0325と最も大きな値を示している。このことは当期純利益になるか否かの境界線にごくごく近い範囲で損失額を計上した企業は，多額の裁量的発生高を計上することで損失額を小さくしようとする傾向が，強くなっていると考えることもできる。

(3) 当期純利益である場合の傾向

続いて図表5-10の当期純利益のポートフォリオにおけるDA/E比率と裁量的発生高の関連についてみていくことにしよう。DA/E比率がプラスである場

図表 5-10　会計利益への利益調整の影響（分母が当期純利益）

PF	影響比率		当期純利益	裁量的発生高	
	平均値	中央値	平均値	平均値	中央値
1	0.0760	0.0773	0.0349	−0.0004	−0.0004
2	0.2248	0.2245	0.0372	−0.0019	−0.0026
3	0.3545	0.3515	0.0398	−0.0067	−0.0081
4	0.4878	0.4825	0.0416	−0.0121	−0.0143
5	0.6277	0.6279	0.0374	−0.0129	−0.0143
6	0.8164	0.8171	0.0343	−0.0147	−0.0134
7	1.0804	1.0780	0.0286	−0.0158	−0.0170
8	1.4476	1.4490	0.0216	−0.0118	−0.0111
9	2.1924	2.1795	0.0155	−0.0064	−0.0072
10	4.0590	3.9060	0.0094	0.0090	0.0200
11	19.8844	10.9094	0.0033	0.0197	0.0272

合の当期純利益と裁量的発生高の傾向は，極端に DA/E 比率の値が大きくなっている PF10 や PF11 などのポートフォリオでは，プラスの裁量的発生高が計上され，利益増加型の利益調整が行なわれている。このことは，当期純利益の額がわずかにプラスである場合には，利益増加型の利益調整を行なうことによって損失を回避していると考えられる。それに対して，当期純利益が明らかにプラスの値である場合には，マイナスの裁量的発生高が計上されて利益減少型の利益調整が行なわれる傾向にある。

　図表 5-10 の PF1 から PF7 までは，DA/E 比率が大きな値になるにつれて，裁量的発生高の値もマイナス方向へと大きくなっていく。しかし，PF8 からは裁量的発生高の値はマイナスであるが除々に小さな値となり，当期純利益額が小さな値になると，利益減少型から一転して利益増加型の裁量的発生高を計上

している。当期純利益がプラスの場合における裁量的発生高のこうした推移は，当期純利益の値の大きさに関連しているといえる。当期純利益の水準がある一定水準を超えた場合には，損失回避などの利益増加型の利益調整を行なう必要性はないが，当期純利益額が僅少な場合はもともとが損失であったため利益増加型の利益調整をしているのである。本章の分析結果は，当期純利益の場合には必ずしも利益減少型の利益調整を行なっていないことも示している。

以上が，DA/E 比率によって，会計利益に対する利益調整の影響と傾向を分析した結果である。

第5節 む す び

第5章では，会計利益における利益調整の影響を分析するため，裁量的発生高の絶対値を当期純利益で除することによって DA/E 比率を算出して検証した。裁量的発生高は，CFO 修正ジョーンズモデルを使って測定した。本章で使用した比率は，Balsam（1998）や須田・首藤（2007）においても使用されていた。しかしそれらの研究では，全体サンプルの比率を算出して影響を把握しただけであり，分母の利益の向きを考慮した分析は行なっていなかった。

そのため本章では詳細に会計利益に対する利益調整の影響と傾向を把握するため，分母の会計利益の符号についても考慮した分析を行なった。本章の分析では，サンプル全体の傾向を把握したうえで分母を当期純損失と当期純利益に分類して，DA/E 比率の大きさを基準にポートフォリオを作成し，それぞれの場合における裁量的発生高の向きとその大きさについて検証した。検証の結果，次の3点が明らかにされた。

第一に，DA/E 比率がマイナスのポートフォリオは裁量的発生高がプラスとなり利益増加型の利益調整を行なっていた。すなわち，分母が当期純損失の企業はプラスの裁量的発生高を計上して，損失回避や損失額減少のための利益調整行動を行なっていることが明らかにされた。

第二に，DA/E 比率がマイナスである場合には，PF1 のわずかな損失額のポ

ートフォリオにおいて最も多額の裁量的発生高を計上していた。しかし，分母の当期純損失の値が大きい－100％以下のポートフォリオでは，裁量的発生高の平均値の値が小さくなっていた。このことは，当期純損失額がある一定のレベルを越えた場合には，損失回避や損失額減少のための動機が小さくなることを示しているとも考えることができる。しかし，本章の分析結果からは，それを裏付けるに足る結果は見い出せなかった。

第三に，DA/E 比率がプラスのポートフォリオからは，PF1 から PF9 までのポートフォリオでは，マイナスの裁量的発生高を計上しており，利益減少型の利益調整を行なっていることが明らかにされた。しかし，DA/E 比率がプラスであるにも関わらず当期純利益の金額が僅少で比率が極端に大きな値となった PF10，PF11 では，プラスの裁量的発生高が計上され，利益増加型の利益調整が行なわれていた。この理由として，PF10 と PF11 の分母の当期純利益は，それ以外のポートフォリオと比べて小さな値となっている。そのため，当期純利益がわずかにプラスであるため利益増加型の利益調整を行なうことによって，減益回避の行動をとったと考えられる。

以上が第5章における分析結果である。本章の結果からは一部を除き，当期純利益の場合には利益減少型の利益調整，当期純損失の場合には利益増加型の利益調整を行なっていた。そして，当期純利益であっても，その金額がわずかな場合には利益増加型の利益調整を行なっていた。

[注]

（1） 本研究では，会計利益に占める裁量的発生高の割合をみることにより，利益調整の影響を把握している。本章の分析とは異なるが，株式持合と利益の質に関する分析を行なっている音川・北川（2007）では，10種類の尺度によって利益の質を測定している。その中に，短期会計発生高を前期，当期，次期の営業活動によるキャッシュ・フローによって説明力を把握するモデルがあり，各モデルの誤差項の大きさによって利益の質を測定している［音川・北川（2007），31頁］。

（2） ヒーリーモデルとは，Healy（1995）によって考案された会計発生高を測定するモデルである。ヒーリーモデルでは，会計発生高を次のように測定する。会計発生

高＝－減価償却費＋Δ売上債権＋Δ棚卸資産－Δ仕入債務－Δ未払法人税（Δは前期と当期の差額分を示す）ジョーンズモデルでは，会計発生高を裁量的発生高と非裁量的発生高の2つに分類しているが，ヒーリーモデルは非裁量的発生高の測定が困難であることから，会計発生高をすべて裁量的発生高として測定している。須田（2000）が担保権の設定に関する調査にヒーリーモデルを使用した分析を行なっている［須田（2000），319-323頁］。
（3）ディアンジェロモデルは，DeAngelo（1986）によって示された裁量的発生高を測定するモデルであり，前期の会計発生高を非裁量的発生高とみなして，次のように裁量的発生高を測定する。裁量的発生高＝当期の会計発生高－前期の会計発生高　詳しくは須田（2000）を参照せよ［須田（2000），323-327頁］。
（4）裁量的発生高の推定には，時系列型推定とクロスセクション型推定がある。両手法の詳細については，須田（2007）94頁を参照せよ。
（5）税引後経常利益＝当期純利益－特別利益＋特別損失
（6）本研究ではキャッシュ・フロー計算書が導入された2000年以降の数値を使用するため直接導出法を使用するが，2000年以前のデータを使用する場合には直接導出法は使用できない。そのため，間接導出法が使用される。間接導出法は，貸借対照表と損益計算書の項目をそれぞれ計算することによって算出され次の式で示される。
　　　会計発生高＝（Δ流動資産－Δ現金預金）－（Δ流動負債－Δ資金調達項目）－（Δ長期性引当金＋減価償却費）
　　　Δは期中変化額である。Δ資金調達項目＝Δ短期借入金＋Δコマーシャル・ペーパー＋Δ1年内返済の長期借入金＋Δ1年内返済の社債・転換社債，Δ長期性引当金＝Δ売上債権以外の貸倒引当金＋Δ退職給付（給与）引当金＋Δ役員退職慰労引当金＋Δその他の長期性引当金　である［須田（2007），92頁］。
（7）ジョーンズモデルによる推定方法は須田（2000）に詳しい［須田（2000），327-328頁］。
（8）須田（2007）では分子・分母に絶対値を付して大きさのみを分析としている。しかし，本研究では当期純利益および当期純損失の場合における利益調整の行動についても検証するため，分母には絶対値を付さずにBalsam（1998）と同様の式を使用した。さらに利益概念についても税引後経常利益ではなく当期純利益を使用した。
（9）永田・蜂谷（2004）の分析では，新規公開企業の利益調整行動を検証するために，調整前利益の大きさを昇順に10分位ポートフォリオに分類している。そして，ポートフォリオごとの利益調整の大きさと方向に相違があるか否かについて検証を行なっている。本研究においても永田・蜂谷（2004）の研究に倣い10分位に分類して分析を行なっている［永田・蜂谷（2004），91-106頁］。
（10）本章で使用したサンプルの業種は次のとおり。建設，食品，パルプ・紙，化学工業，医薬品，精密機器，石油，ゴム，窯業，鉄鋼業，機械，非鉄金属，金属製品，電気機器，造船，自動車，自動車部品，その他輸送，その他製造

第6章　裁量的発生高と企業価値説明力

第1節　は　じ　め　に

　本書の目的は，利益調整の存在および会計数値への利益調整の影響が企業価値の説明力に影響を及ぼすか否かを明らかにすることである。第1章で掲げた第1の研究目的である利益調整の存在の有無が企業価値の説明力に影響を与えるか否かについては，第4章の分析から，利益調整を行なったと思われる企業はそうではない企業と比較して，企業価値説明力が低下していた。

　なぜ，わずかに予測利益を上回ったグループにおける会計数値の企業価値の説明力は低下したのであろうか。その原因を明らかにするためには，会計利益そのものにおける利益調整の大きさを調査する必要，すなわち第2の研究目的である会計数値への利益調整の影響が企業価値説明力に差異をもたらすか否かを検証する必要がある。果たして，会計数値への利益調整の影響の程度は企業価値説明力に差異を及ぼすのであろうか。それに答えるのが，第6章の目的である。そこで第6章では，第5章で測定した裁量的発生高の分析結果をもとに検証していく[1]。

　第6章の構成は次のとおりである。第2節では，研究目的と分析方法およびサンプルについて説明する。第3節では分析結果と解釈を行ない，第4節にて本章の要約と限界について示す。

第2節　研究目的と分析方法および
サンプルの収集方法

2-1　研究目的

　第5章では，DA/E比率がマイナス（分母が当期純損失）の場合には，裁量的発生高をプラスに計上して利益増加型の利益調整がなされ，DA/E比率がプラス（分母が当期純利益）の場合には裁量的発生高をマイナスに計上して，利益減少型の利益調整を行なうことが明らかにされた。しかし，DA/E比率がプラスであっても，分母がわずかな当期純利益である場合には，裁量的発生高はプラスとなり利益増加型の利益調整を行なっていることも明らかにされた。

　そして第5章では，DA/E比率の平均値の大きさと裁量的発生高の平均値の大きさとの関連についても検証したところ，DA/E比率の平均値が100％に達すると，DA/E比率がマイナスの場合には裁量的発生高が除々に小さくなり，プラスの場合には，マイナスの値からプラス方向へと近づく傾向にあることが明らかになった。このことは，分母の当期純利益の大きさにも関連しており，当期純利益がわずかにプラスである場合には利益増加型の利益調整を行ない，当期純損失では損失額がごくわずかである場合には損失額が大きい場合と比較して，多額の裁量的発生高を計上して，減益幅を縮小させるような利益調整を行なう傾向にあることが認められた。しかし，当期純損失であっても，損失額がある程度の値になると裁量的発生高の計上額も減少傾向にあり，そうしたグループの利益調整行動は控えめになる傾向があることも確認され，当期純損失の場合には，金額によって利益増加型の利益調整の大きさに相違がみられることが明らかになった。

　そこで第6章では，第5章の分析結果を踏まえて，会計数値における裁量的発生高の大きさが企業価値の説明力に差異をもたらすか否かについて，次の3つの視点から分析を行なう。第6章の分析は，図表5-1の第3ステップにあたる。

第2節　研究目的と分析方法およびサンプルの収集方法　　127

　第一は，分母が当期純利益あるいは当期純損失であっても，その金額が僅少である場合には，多額の裁量的発生高を計上することによって，損失回避や損失幅を縮小させるような利益調整行動を行なう，という結果をうけての検証である。損失回避や損失幅を減少させているようなポートフォリオにおける会計数値は，利益増加型の利益調整の影響を強くうけている会計数値であるため信頼性が低くなる。そのため，そうしたポートフォリオの企業価値の説明力は低くなると考えられる。そこで，DA/E比率が極端な値をとるポートフォリオにおける企業価値の説明力は極端な値ではないポートフォリオと比較して企業価値の説明力に差異が生じるか否かを検証する。

　第二は，DA/E比率がマイナスであるポートフォリオでは，分母の当期純損失が小さな場合にはプラスの裁量的発生高が多額に計上されるが，当期純損失の値が大きくなる－100％を境に裁量的発生高の計上額の値は減少傾向に転ずる傾向があった，という結果にもとづいての検証である。ここでは，多額の裁量的発生高を計上して当期純損失の額を僅少にしたと見なされるポートフォリオとそうではないポートフォリオの両者の会計数値における企業価値の説明力には差異があるか否か検証する。

　第三の検証では，利益増加型の利益調整によって損失回避を行なったと思われるポートフォリオにおける会計数値の企業価値の説明力は低くなるか否かについて明らかにする。DA/E比率がプラスのポートフォリオでは，比率の大きさが極端に大きい場合や小さい場合には，分母が当期純利益であっても利益増加型の利益調整を行ない損失回避的な利益調整を行なっていた。したがって，当期純利益を計上していても利益調整によるものであると判断される場合には，会計数値は実態に則していないと判断されて企業価値の説明力は低くなると考えられるからである。

　以上をまとめれば次のようになる。

　目的1：DA/E比率がプラスあるいはマイナスのいずれであっても極端な値
　　　　　のポートフォリオでは，多額の裁量的発生高を計上しているため，
　　　　　会計利益に対する利益調整の影響が強くなる。したがって，そうし

たポートフォリオにおける会計数値の企業価値の説明力は低くなるか否かを明らかにする。

目的2：DA/E比率がマイナスのポートフォリオでは，会計利益に占める裁量的発生高の割合が高くても，分母の損失額が小さいポートフォリオの会計数値の企業価値への説明力は分母の損失額が大きいポートフォリオと比較して高くなるか否かを検証する。

目的3：利益減少型の利益調整を行なっているDA/E比率がプラスのポートフォリオでは，DA/E比率の大きさが大小に極端なポートフォリオを除いて，会計利益への信頼性が高く決定係数が高く保たれる。

2-2 分析方法

第6章の分析は，第5章の結果をもとに実施するため，そこで分類したポートフォリオごとに企業価値を推定する。そしてそれぞれのポートフォリオの調整済決定係数の大きさをみることによって，各ポートフォリオにおける会計数値の企業価値説明力を判断する。ここで使用するモデル[2]は，次のとおりである。

$$\frac{P_t}{P_{t-1}} = \alpha_0 + \alpha_{1,t}\frac{BVP_t}{P_{t-1}} + \alpha_{2,t}\frac{EPS_t}{P_{t-1}} + \varepsilon_t \cdots\cdots(6-1)$$

ここで，

P_t = t期の株価

（決算期末から3ヶ月後の株価，すなわち6月末日の株価の終値）

BVP_t = t期の1株当たり純資産簿価

EPS_t = t期の1株当たり当期純利益

P_{t-1} = $t-1$期の6月末日の株価

なお，第4章では予測利益を変数に含めた3変数によるモデルを使用したが，第6章では1株当たり純資産簿価と1株当たり純利益の2変数によって企業価値との関連を分析する。

図表6-1 ポートフォリオ別の変数の基本統計量
（全サンプル）

		N	平均値	標準偏差
PF1	P	253	0.9821	0.4221
	BPS	253	1.2179	0.7937
	EPS	253	−0.0721	0.1093
PF2	P	253	0.9581	0.5173
	BPS	253	1.1028	0.8839
	EPS	253	−0.2488	0.3458
PF3	P	254	1.1698	0.4726
	BPS	254	0.8988	1.3133
	EPS	254	−0.1321	1.3895
PF4	P	252	1.1582	0.3312
	BPS	252	0.9951	0.4899
	EPS	252	0.0701	0.0635
PF5	P	253	1.1827	0.3498
	BPS	253	1.0388	0.5314
	EPS	253	0.0657	0.0410
PF6	P	251	1.1263	0.3023
	BPS	251	1.0362	0.6036
	EPS	251	0.0648	0.0416
PF7	P	254	1.1602	0.3555
	BPS	254	1.0507	0.6472
	EPS	254	0.0641	0.0517
PF8	P	252	1.1579	0.3750
	BPS	252	1.0940	0.6385
	EPS	252	0.0611	0.0418
PF9	P	254	1.1751	0.4761
	BPS	254	1.1396	1.3504
	EPS	254	0.0552	0.0647
PF10	P	253	1.1241	0.3968
	BPS	253	1.3384	0.7204
	EPS	253	0.0398	0.0400
PF11	P	253	1.0757	0.3501
	BPS	253	1.3265	0.7218
	EPS	253	0.0178	0.0182

図表6-2　ポートフォリオ別の変数の基本統計量
（分母が当期純損失）

		N	平均値	標準偏差
PF1	P	50	0.9822	0.3778
	BPS	50	1.1922	0.6890
	EPS	50	-0.0150	0.0137
PF2	P	50	1.0662	0.5716
	BPS	50	1.1528	0.6759
	EPS	50	-0.0390	0.0498
PF3	P	49	0.9793	0.4545
	BPS	49	1.2318	0.7656
	EPS	49	-0.0694	0.0747
PF4	P	50	0.9435	0.3468
	BPS	50	1.4576	1.0571
	EPS	50	-0.1043	0.1239
PF5	P	50	0.9489	0.3305
	BPS	50	1.0601	0.7195
	EPS	50	-0.1336	0.1687
PF6	P	50	0.9258	0.4160
	BPS	50	1.1435	0.6876
	EPS	50	-0.1489	0.1521
PF7	P	50	1.0209	0.5334
	BPS	50	1.2931	0.7898
	EPS	50	-0.2162	0.1920
PF8	P	50	0.8537	0.3037
	BPS	50	0.9637	0.7750
	EPS	50	-0.1843	0.2013
PF9	P	50	0.9369	0.5320
	BPS	50	1.1325	1.1296
	EPS	50	-0.3389	0.4518
PF10	P	50	0.9351	0.4533
	BPS	50	1.0870	0.7344
	EPS	50	-0.2375	0.2475
PF11	P	50	1.0896	0.8085
	BPS	50	0.2446	2.7576
	EPS	50	-1.1268	3.0007

図表6-3　ポートフォリオ別の変数の基本統計量
(分母が当期純利益)

		N	平均値	標準偏差
PF1	P	204	1.2167	0.4279
	BPS	204	1.0420	0.5359
	EPS	204	0.0760	0.0781
PF2	P	203	1.1553	0.3290
	BPS	203	1.0255	0.5102
	EPS	203	0.0703	0.0691
PF3	P	203	1.1462	0.3169
	BPS	203	0.9687	0.4984
	EPS	203	0.0639	0.0371
PF4	P	202	1.1898	0.3645
	BPS	202	1.0325	0.5740
	EPS	202	0.0679	0.0419
PF5	P	202	1.1336	0.3398
	BPS	202	1.0518	0.6596
	EPS	202	0.0647	0.0500
PF6	P	204	1.1563	0.3239
	BPS	204	1.0744	0.5920
	EPS	204	0.0642	0.0468
PF7	P	202	1.1521	0.3869
	BPS	202	1.0541	0.6417
	EPS	202	0.0602	0.0410
PF8	P	204	1.2155	0.4746
	BPS	204	1.1359	1.4530
	EPS	204	0.0619	0.0721
PF9	P	203	1.1290	0.4114
	BPS	203	1.2138	0.7209
	EPS	203	0.0460	0.0401
PF10	P	203	1.1044	0.3513
	BPS	203	1.4051	0.6900
	EPS	203	0.0345	0.0306
PF11	P	203	1.0617	0.3680
	BPS	203	1.3042	0.7422
	EPS	203	0.0146	0.0160

2-3 各変数の基本統計量

図表6-1は回帰分析で使用するポートフォリオごとの各変数の基本統計量である。図表6-1は，全サンプルを11個のポートフォリオに分類したポートフォリオごとのサンプル数と平均値および標準偏差を示したものである。図表6-2は，DA/E比率がマイナスの値を集めて，それを11個のポートフォリオに区分して，それぞれのサンプル数と平均値および標準偏差を示したものである。そのため，EPSはPF1からPF11まですべてでマイナスとなっている。そして図表6-3は，DA/E比率がプラスの値を集めて11個のポートフォリオにしたものであり，それぞれのサンプル数と平均値および標準偏差を示している[3]。

第3節　分析結果と解釈

第3節では，第2節の研究目的で示した3つの目的に対する分析結果をみていくことにする。

3-1 ポートフォリオ別回帰係数

最初に，全サンプルによる分析結果からみていくことにしよう。図表6-4は全サンプルにおけるポートフォリオごとの回帰結果であり，独立変数ごとの係数，t値，有意確率と変数間の多重共線性の程度をみる許容度とVIF，そしてモデル全体の説明力をみる調整済R^2（以下では決定係数と示す）を示したものである。

図表6-4をみるとPF1からPF3まではESPがマイナスとなっている。各独立変数の従属変数に対する説明力をみるt値をみるとPF2のBPSを除いてすべて有意な値となっている。BPSとEPSの2つの独立変数間の共線性の程度をみるVIF[4]をみると，11個のポートフォリオすべてにおいて，共線性の影響が疑われるVIF>10の値を大幅に下回っている[5]。このことから，独立変数間に線形関係は存在していないため，全サンプルにおける回帰分析におけ

第3節　分析結果と解釈　　133

る多重共線性は，モデル推定において問題にはならない。

　次に図表6-5をみていくことにしよう。図表6-5は，当期純損失である値を集めて11個のポートフォリオにしたものである。ポートフォリオごとに独立変数のモデルに対する説明力をみると，PF1，5，6，7の4つのポートフォリオでEPSの有意確率の値が高くなっている。そしてPF3とPF8ではBPSの有意確率の値が高くなっている。このことから，このグループの変数については，企業価値に対する説明力が低いことを示している[6]。続いて，変数間の共線性についてみると，すべてのポートフォリオにおいてVIF＞10の値を大幅に下回っているため，マイナスのポートフォリオの回帰分析において，変数間の共線性は問題にならない。

　最後に図表6-6をみていこう。図表6-6は，当期純利益である値を集めて11個のポートフォリオを作成したものである。従属変数に対する独立変数の説明力をみるt値をみると，PF9のBPSが0.1632と有意な値でない。それ以外は，BPSとEPSともに従属変数に対して影響力を有している。そして，変数間の共線性については，すべてのポートフォリオにおいてVIF＞10の値を大幅に下回っているため，変数間の共線性は存在していない。

　以上が，全サンプルと分母が当期純損失および当期純利益である場合の企業価値に対する独立変数の説明力についての結果である。一部のポートフォリオにおいて，有意な値ではない係数が存在したが，それ以外のポートフォリオでは，ほぼすべてにおいて有意な値であり，BPSおよびEPSは企業価値に対してそれぞれが説明力を有していることが明らかにされた。

3-2　裁量的発生高と企業価値説明力

　3-1では，ポートフォリオごとの各変数の回帰係数について検討した。3-2では，DA/E比率，当期純利益，裁量的発生高および決定係数の4つの関係をみることにより，会計利益に対する利益調整の大きさが企業価値の説明力に差異をもたらしているか否かについてみていこう。ここでの検証が本書の第2の研究目的に対しての検証である。

図表6-4 ポートフォリオ別回帰分析結果
(全サンプル)

		係数	t値	有意確率	許容度	VIF	調整済 R^2
PF1	(定数)	0.7308	15.6365	0.0000			0.1361
	BPS	0.1648	5.2527	0.0000	0.9851	1.0151	
	EPS	−0.7029	−3.0853	0.0023	0.9851	1.0151	
PF2	(定数)	0.8298	13.7155	0.0000			0.0560
	BPS	0.0289	0.7831	0.4343	0.9429	1.0606	
	EPS	−0.3876	−4.1106	0.0001	0.9429	1.0606	
PF3	(定数)	0.9580	19.5238	0.0000			0.1087
	BPS	0.2039	5.0928	0.0000	0.2847	3.5127	
	EPS	−0.2161	−5.7118	0.0000	0.2847	3.5127	
PF4	(定数)	0.8498	18.2361	0.0000			0.1882
	BPS	0.1904	4.9458	0.0000	0.9974	1.0026	
	EPS	1.6969	5.7156	0.0000	0.9974	1.0026	
PF5	(定数)	0.8157	17.5997	0.0000			0.2277
	BPS	0.2124	5.4220	0.0000	0.8655	1.1554	
	EPS	2.2267	4.3836	0.0000	0.8655	1.1554	
PF6	(定数)	0.8243	23.1632	0.0000			0.2975
	BPS	0.0734	2.5691	0.0108	0.8628	1.1590	
	EPS	3.4862	8.3970	0.0000	0.8628	1.1590	
PF7	(定数)	0.8010	18.7844	0.0000			0.3570
	BPS	0.0916	3.2894	0.0011	0.9881	1.0120	
	EPS	4.1010	11.7645	0.0000	0.9881	1.0120	
PF8	(定数)	0.7751	17.6863	0.0000			0.2906
	BPS	0.1429	4.3202	0.0000	0.8911	1.1222	
	EPS	3.7042	7.3370	0.0000	0.8911	1.1222	
PF9	(定数)	0.7983	14.4123	0.0000			0.3785
	BPS	0.0687	2.8769	0.0044	0.5361	1.8654	
	EPS	5.4099	10.8608	0.0000	0.5361	1.8654	
PF10	(定数)	0.8307	17.7980	0.0000			0.2289
	BPS	0.1105	3.3195	0.0010	0.8378	1.1936	
	EPS	3.6526	6.0878	0.0000	0.8378	1.1936	
PF11	(定数)	0.8418	18.9949	0.0000			0.1207
	BPS	0.1375	4.5962	0.0000	0.9178	1.0895	
	EPS	2.9038	2.4512	0.0149	0.9178	1.0895	

図表6-5　ポートフォリオ別回帰分析結果
（分母が当期純損失）

		係数	t値	有意確率	許容度	VIF	調整済 R^2
PF1	(定数)	0.6964	6.9799	0.0000			0.1860
	BPS	0.2714	3.5574	0.0009	0.8580	1.1655	
	EPS	2.5277	0.6603	0.5123	0.8580	1.1655	
PF2	(定数)	0.6334	5.4842	0.0000			0.5039
	BPS	0.1112	1.2667	0.2115	0.9404	1.0634	
	EPS	−7.8087	−6.5587	0.0000	0.9404	1.0634	
PF3	(定数)	0.6981	7.5474	0.0000			0.5006
	BPS	−0.0212	−0.3437	0.7326	0.9657	1.0355	
	EPS	−4.4267	−7.0117	0.0000	0.9657	1.0355	
PF4	(定数)	0.6411	9.0324	0.0000			0.3370
	BPS	0.1538	3.8589	0.0003	0.9163	1.0914	
	EPS	−0.7491	−2.2015	0.0326	0.9163	1.0914	
PF5	(定数)	0.7325	8.6837	0.0000			0.1889
	BPS	0.2144	3.6207	0.0007	0.9961	1.0039	
	EPS	0.0812	0.3214	0.7493	0.9961	1.0039	
PF6	(定数)	0.7800	6.4590	0.0000			0.0237
	BPS	0.0468	0.5398	0.5919	0.9687	1.0323	
	EPS	−0.6196	−1.5795	0.1209	0.9687	1.0323	
PF7	(定数)	0.8560	5.3569	0.0000			0.0358
	BPS	0.1783	1.8699	0.0677	0.9874	1.0128	
	EPS	0.3032	0.7731	0.4433	0.9874	1.0128	
PF8	(定数)	0.6646	9.6389	0.0000			0.2906
	BPS	0.0330	0.6972	0.4891	0.9938	1.0062	
	EPS	−0.8534	−4.6862	0.0000	0.9938	1.0062	
PF9	(定数)	1.0903	9.0493	0.0000			0.1628
	BPS	−0.1842	−2.9112	0.0055	0.9468	1.0562	
	EPS	−0.1629	−1.0299	0.3083	0.9468	1.0562	
PF10	(定数)	0.5833	4.8089	0.0000			0.1667
	BPS	0.1864	2.3135	0.0251	0.9984	1.0016	
	EPS	−0.6285	−2.6287	0.0115	0.9984	1.0016	
PF11	(定数)	0.6893	4.7888	0.0000			0.2284
	BPS	0.2591	3.1632	0.0027	0.2017	4.9578	
	EPS	−0.2990	−3.9714	0.0002	0.2017	4.9578	

図表6-6 ポートフォリオ別回帰分析結果
(分母が当期純利益)

		係数	t値	有意確率	許容度	VIF	調整済R^2
PF1	(定数)	0.9484	15.5038	0.0000			0.1610
	BPS	0.1218	2.2645	0.0246	0.9112	1.0975	
	EPS	1.8588	5.0379	0.0000	0.9112	1.0975	
PF2	(定数)	0.8254	16.5852	0.0000			0.2222
	BPS	0.2104	5.2541	0.0000	0.9989	1.0011	
	EPS	1.6229	5.4908	0.0000	0.9989	1.0011	
PF3	(定数)	0.8233	16.4637	0.0000			0.1908
	BPS	0.1939	4.5993	0.0000	0.9118	1.0968	
	EPS	2.1138	3.7284	0.0003	0.9118	1.0968	
PF4	(定数)	0.8344	16.4009	0.0000			0.2422
	BPS	0.1207	2.8239	0.0052	0.8326	1.2011	
	EPS	3.3995	5.8094	0.0000	0.8326	1.2011	
PF5	(定数)	0.8044	18.0843	0.0000			0.3586
	BPS	0.0638	2.1910	0.0296	0.9987	1.0013	
	EPS	4.0512	10.5418	0.0000	0.9987	1.0013	
PF6	(定数)	0.8204	18.2405	0.0000			0.3073
	BPS	0.1031	3.2016	0.0016	0.9861	1.0141	
	EPS	3.5064	8.6040	0.0000	0.9861	1.0141	
PF7	(定数)	0.7777	15.9662	0.0000			0.2899
	BPS	0.1226	3.1418	0.0019	0.8433	1.1858	
	EPS	4.0718	6.6658	0.0000	0.8433	1.1858	
PF8	(定数)	0.8586	13.6391	0.0000			0.3912
	BPS	0.0508	1.9603	0.0513	0.4767	2.0976	
	EPS	4.8312	9.2477	0.0000	0.4767	2.0976	
PF9	(定数)	0.8380	16.9492	0.0000			0.2717
	BPS	0.0540	1.3996	0.1632	0.7884	1.2685	
	EPS	4.9001	7.0665	0.0000	0.7884	1.2685	
PF10	(定数)	0.7988	15.0377	0.0000			0.1666
	BPS	0.1567	4.6369	0.0000	0.9365	1.0678	
	EPS	2.4782	3.2550	0.0013	0.9365	1.0678	
PF11	(定数)	0.8312	16.5098	0.0000			0.1158
	BPS	0.1354	3.9630	0.0001	0.9214	1.0853	
	EPS	3.6824	2.3165	0.0215	0.9214	1.0853	

(1) 全サンプルにおける利益調整と企業価値説明力

　最初に図表6-7から検討していくことにしよう。図表6-7は全てのサンプルのDA/E比率を昇順に並べて各ポートフォリオの平均値と中央値，当期純利益の平均値および裁量的発生高の平均値と中央値，決定係数をまとめたものである。そして，図表6-8は，図表6-7のPF1からPF11までの決定係数と当期純利益の値の推移をグラフにまとめたものである。

　図表6-8の決定係数の推移のうちDA/E比率の値の最小値と最大値であるPF1とPF11に注目をする。これら2つのポートフォリオのDA/E比率は-6.1050，16.9752となっており他のポートフォリオと比較しても極端な値である。そして，裁量的発生高の平均値をみると0.0259と0.0175であり，他のポートフォリオと比較しても多額の裁量的発生高を計上していることがわかる。とくにPF11についてはDA/E比率がプラスであり，すなわち当期純利益であるにも関わらずプラスの裁量的発生高が計上され，利益増加型の利益調整が行なわれている。この結果は，目的1を支持するものと考えられる。

　次にPF6からPF9までをみると，裁量的発生高はいずれも利益減少型の利益調整を行なっている。-0.01以下の利益減少型の利益調整を行なっているポートフォリオでは，利益減少型の裁量的発生高を増加させたり減少させることによって利益水準を同じようにする傾向にあると考えられる。PF6からPF9までの決定係数は，0.2975，0.3570，0.2906および0.3785となり図表6-8のように一個おきに同水準の値を示している。そして，PF6からPF9までの裁量的発生高の大きさをみると，-0.0118から-0.0148の範囲内にあり，数値上に大きな開きはない。このことから，会計利益への信頼性に極端な影響力の差異が存在しないこととなり，近い水準の企業価値の説明力を有していることにつながっていると考えられる。この結果は目的3を支持するものと解釈できる。

　以上が全サンプルにおけるDA/E比率と決定係数の関係である。全サンプルによる分析結果から，目的1と目的3が支持された。さらに詳細に検証するため，当期純利益がマイナスである場合とプラスである場合におけるDA/E比率

138　第 6 章　裁量的発生高と企業価値説明力

図表 6-7　DA/E 比率と決定係数の推移
(全サンプル)

PF	DA/E 比率		当期純利益	裁量的発生高		調整済 R^2
	平均値	中央値	平均値	平均値	中央値	
1	-6.1050	-2.6365	-0.0148	0.0259	0.0301	0.1361
2	-0.5355	-0.5122	-0.0514	0.0164	0.0142	0.0560
3	0.0562	0.0608	0.0152	0.0001	-0.0001	0.1087
4	0.2459	0.2446	0.0377	-0.0023	-0.0032	0.1882
5	0.4078	0.4087	0.0406	-0.0099	-0.0112	0.2277
6	0.5748	0.5731	0.0392	-0.0118	-0.0145	0.2975
7	0.7944	0.7894	0.0344	-0.0148	-0.0131	0.3570
8	1.1244	1.1175	0.0275	-0.0135	-0.0155	0.2906
9	1.6841	1.6319	0.0195	-0.0126	-0.0131	0.3785
10	3.1523	2.9699	0.0115	0.0044	0.0163	0.2289
11	16.9752	9.4207	0.0040	0.0175	0.0265	0.1207

図表 6-8　ポートフォリオごとの決定係数と当期純利益の推移
(全サンプル)

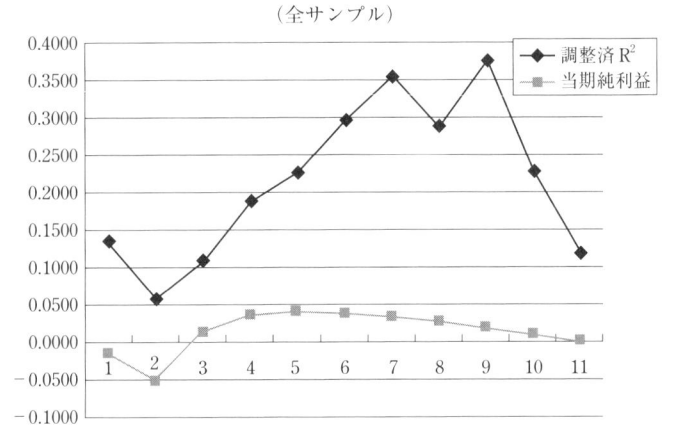

(2) 当期純損失である場合の利益調整と企業価値説明力

図表6-9と図表6-10は，当期純損失である場合の分析結果である。この分析では，目的1および2の検証を行なう。まず目的1の検証から始める。目的1では，極端な値をとるポートフォリオにおける会計数値の企業価値の説明力は低くなるとする。そこで図表6-9のPF1をみると，DA/E比率の平均値は－20.5898である。このPF1の当期純利益のマイナス額は，－0.0039とわずかであるが，裁量的発生高の平均値をみると0.0325となっており11のポートフォリオの平均値の中で最大値となっている。これは利益増加型の裁量的発生高を多額に計上することによって損失回避行動を取ったものと考えられる。そのためPF1の会計利益は裁量的発生高によって調整された利益数値であるため信頼性は下がる。そしてPF1の企業価値の説明力をみると0.1860となり低い値を示している。この結果は目的1をおおむね支持するものと考えることができる。

当期純損失のポートフォリオでは，わずかな損失を計上している企業とそうでない企業とでは，利益調整の計上額に違いが生じている。第5章の結果からわずかな損失を計上している企業は，多額の裁量的発生高を計上することにより損失額を小さくしようと利益調整を行なう。しかし，ある程度の損失額がある企業は，利益調整だけでは損失をカバーしきれないため裁量的発生高の計上額は小さくなる傾向にあることが明らかにされた。

そこで，損失額が小さいポートフォリオPF2からPF4と損失額が大きいPF8からPF10の調整済決定係数を比較する。PF2からPF4は，PF8からPF10に比べて，多額の裁量的発生高を計上している。そしてPF2からPF4とPF8からPF10のポートフォリオの決定係数を図表6-10によって比較してみると，決定係数は明らかにPF2からPF4のほうがPF8からPF10に比べて高い値を示している。この結果は，目的2を支持するものであり，DA/E比率がマイナスであるポートフォリオでは，裁量的発生高の大きさではなく損失額がわずかであるか否かが，企業価値の説明力に関係することを示している。実際

140　第6章　裁量的発生高と企業価値説明力

図表 6-9　DA/E 比率と決定係数の推移

(分母が当期純損失)

PF	DA/E 比率		当期純損失	裁量的発生高		調整済 R^2
	平均値	中央値	平均値	平均値	中央値	
1	−20.5898	−10.1915	−0.0039	0.0325	0.0357	0.1860
2	−4.4943	−4.3461	−0.0085	0.0155	0.0250	0.5039
3	−2.7248	−2.6862	−0.0141	0.0317	0.0335	0.5006
4	−1.8130	−1.7845	−0.0178	0.0208	0.0274	0.3370
5	−1.3031	−1.2876	−0.0292	0.0299	0.0251	0.1889
6	−0.9615	−0.9617	−0.0342	0.0232	0.0246	0.0237
7	−0.7229	−0.7112	−0.0437	0.0226	0.0193	0.0358
8	−0.5269	−0.5274	−0.0504	0.0170	0.0151	0.2906
9	−0.3542	−0.3497	−0.0590	0.0141	0.0110	0.1628
10	−0.2132	−0.2133	−0.0548	0.0061	0.0045	0.1667
11	−0.0654	−0.0661	−0.0911	0.0043	0.0008	0.2284

図表 6-10　ポートフォリオごとの決定係数と当期純利益の推移

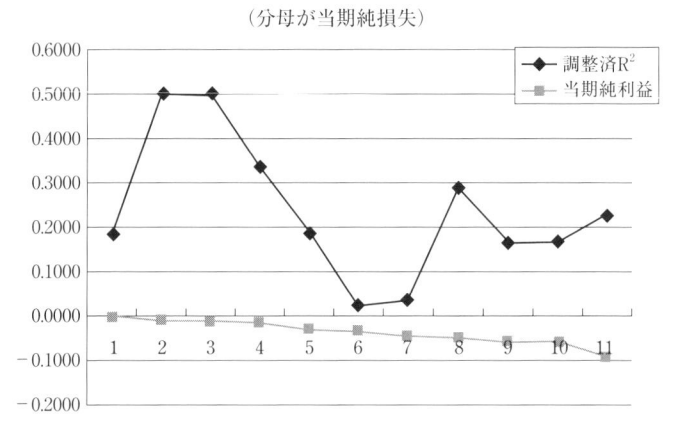

(分母が当期純損失)

に，PF2からPF5までの調整済決定係数の平均値とPF6からPF10までの平均値を比較してみると，前者は0.3826であるのに対して，後者は0.13592であり，損失額の大きい後者の説明力が明らかに低い値となっている。

　図表6-9および図表6-10をみると，分母が当期純損失の場合には，11個のポートフォリオと決定係数の間には，一見すると何の関係もないように思われる。しかし先にも述べたように，DA/E比率が極端な値を示しているPF1とPF11を除けば，損失額が僅かなPF2からPF5までのポートフォリオの企業価値の説明力のほうが，損失額が大きいPF6からPF10までの説明力よりも高くなっていると考えることができるのである。このことは，当期純損失の場合には，裁量的発生高の大きさよりもむしろ損失額が僅かであるか否かが企業価値の説明力を左右することになる要因であると考えることもできる。

(3)　当期純利益である場合の利益調整と企業価値説明力

　図表6-11と図表6-12は，当期純利益である場合の分析結果である。この分析では目的1および3を検証する。最初に目的1から検証していこう。

　目的1はDA/E比率が極端な値のポートフォリオの会計数値の企業価値説明力は低くなるというものである。PF11はDA/E比率が19.8844であり，当期純利益が0.0033とわずかにプラスである。そのため，当期純利益でありながら，プラスの裁量的発生高を多額に計上した利益調整を行なっている。このことは，損失回避のためにプラスの裁量的発生高を多額に計上して当期純利益をプラスにしたと考えられる。したがって，PF11の会計利益は利益調整の影響が強く反映されており，信頼性の低い数値であるといえる。PF11の決定係数は0.1158を示し11のポートフォリオの中の最小値となっている。またPF10もDA/E比率がプラスでありながら，プラスの裁量的発生高を計上しているグループである。そして，DA/E比率も4.0590と高い値を示している。したがって，PF11と同様にこのポートフォリオの会計数値への利益調整の影響が強く，その信頼性は低いと判断される。そのためPF11と同様にこのポートフォリオの決定係数も0.1666と低い値を示しており，これらの結果は目的1を支持する結果であると判断される。

142　第6章　裁量的発生高と企業価値説明力

図表6-11　DA/E比率と決定係数の推移

(分母が当期純利益)

PF	DA/E比率		当期純利益	裁量的発生高		調整済 R^2
	平均値	中央値	平均値	平均値	中央値	
1	0.0760	0.0773	0.0349	−0.0004	−0.0004	0.1610
2	0.2248	0.2245	0.0372	−0.0019	−0.0026	0.2222
3	0.3545	0.3515	0.0398	−0.0067	−0.0081	0.1908
4	0.4878	0.4825	0.0416	−0.0121	−0.0143	0.2422
5	0.6277	0.6279	0.0374	−0.0129	−0.0143	0.3586
6	0.8164	0.8171	0.0343	−0.0147	−0.0134	0.3073
7	1.0804	1.0780	0.0286	−0.0158	−0.0170	0.2899
8	1.4476	1.4490	0.0216	−0.0118	−0.0111	0.3912
9	2.1924	2.1795	0.0155	−0.0064	−0.0072	0.2717
10	4.0590	3.9060	0.0094	0.0090	0.0200	0.1666
11	19.8844	10.9094	0.0033	0.0197	0.0272	0.1158

図表6-12　ポートフォリオごとの決定係数と当期純利益の推移

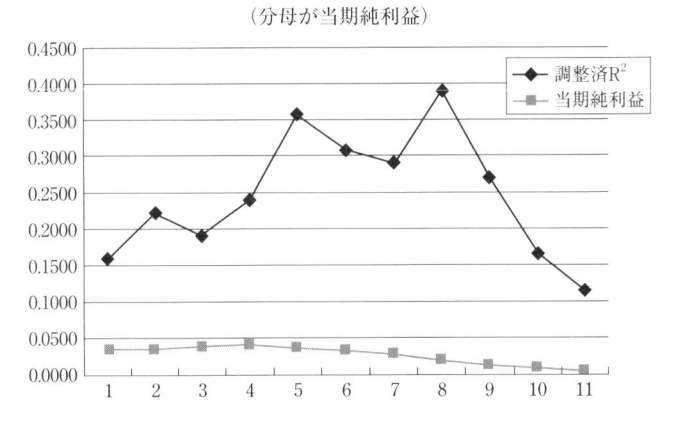

(分母が当期純利益)

つづいて目的3の検証をする。目的3は，DA/E比率の大きさが極端ではないポートフォリオにおける会計数値の企業価値の説明力についての検証である。

PF2からPF9までの決定係数の推移をみると，図表6-11の裁量的発生高のマイナスの値が-0.01を超えるPF4からPF8までの決定係数は，0.24以上となっており，比較的高めの推移を維持している。PF4からPF8までのポートフォリオは，もともと利益があるうえにマイナスの裁量的発生高を計上して利益減少型の利益調整を行なっているという事実が，極端な値を含めたポートフォリオとくらべて，企業価値の説明力が同じような水準にしていると判断される。この結果から目的3は支持されるものと考えられる。

以上が，当期純利益である場合の裁量的発生高と企業価値の説明力についての分析結果である。この分析から，当期純利益である場合には利益減少型の利益調整を行なう傾向がある。しかし，当期純利益でありながらもプラスの裁量的発生高を計上し，利益増加型の利益調整を行なった場合には，企業努力によってではなく利益調整によって利益数値を捻出したと考えられる。そのため，そうした企業の会計数値による企業価値の説明力は低くなったと考えられる。

第4節　む　す　び

第6章では，本書の第2の研究目的である会計数値への利益調整の影響が企業価値説明力に差異をもたらすか否かについての検証を行なった。

本章の分析結果を要約すれば次のようになる。本章の分析では，第4章と同様にOhlsonモデルをベースとする価値関連性モデルを使用して検証した。ただし本章ではサンプル収集上の都合から，1株当り純資産簿価と1株当り当期純利益の2変数による分析を行なった。

本章ではDA/E比率の大きさにもとづく10分位ポートフォリオを使用して，それらのポートフォリオごとに企業価値説明力をみた。そして，ポートフォリオごとの回帰式における決定係数の大きさによって，企業価値の説明力の差異

について分析した。

　最初にすべてのサンプルのDA/E比率を昇順にならべたポートフォリオについて企業価値の説明力の差異を検証した。全体サンプルにおける企業価値の説明力の差異については，DA/E比率の大きさが極端にプラスあるいはマイナスであるポートフォリオにおける説明力が他のポートフォリオと比較して，低くなっていた。この結果から，多額に裁量的発生高を計上して，損失額を僅少にしたり，当期純利益ではあっても利益増加型の利益調整を行なうことによって当期純利益をプラスに保っている企業の企業価値説明力は，低くなっていた。この結果から，損失額が僅少であったり，わずかな当期純利益を計上している企業であっても，多額の裁量的発生高を計上することによって利益増加を行なっているような企業の会計数値は，会計数値における利益調整の影響が大きく信頼性が低いために，企業価値説明力が低くなることが明らかにされた。

　さらに当期純損失と当期純利益である場合の利益調整の影響と企業価値の説明力を詳細に分析するために，当期純損失であるグループと当期純利益であるグループに分類して分析を行なった。

　当期純損失であるポートフォリオでは，会計利益に占める裁量的発生高の割合が高くても，分母の損失額が小さいポートフォリオにおける会計数値の企業価値の説明力が，分母の損失額が大きいポートフォリオの説明力よりも高くなっていた。

　続いて，当期純利益であるポートフォリオについて検証を行なった。当期純利益のポートフォリオにおけるDA/E比率がプラスのポートフォリオによる分析では，DA/E比率が極端に大きくなっているポートフォリオの企業価値の説明力が低くなっていた。これらのポートフォリオでは，分母の当期純利益が極めて僅少な金額であり，利益増加型の利益調整を行なうことによって，損失を回避して利益を捻出していた。したがって，利益金額が僅少であり，利益増加型の利益調整を行なっている企業の会計数値は，信頼性が乏しく，その結果，企業価値の説明力が低くなっていることが明らかにされた。

　また，当期純利益のポートフォリオにおいて，利益減少型の利益調整を行な

っているポートフォリオでは，DA/E比率が極端であるポートフォリオを除くと，裁量的発生高の大きさはある程度同じ水準に保たれ，DA/E比率がマイナスである場合とは異なり，企業価値への説明力もほぼ同じ水準を維持する傾向にあることも明らかにされた。

以上が第6章の結果の要約である。第6章の結果からは，損失額がわずかであったり，また当期純利益額が僅かであるような企業の企業価値説明力が低くなっていることが明らかにされた。そしてこれらのポートフォリオにおける裁量的発生高の計上額は，他のポートフォリオよりも計上額が大きな値を示しており，会計数値に対する利益調整の影響が大きいポートフォリオであった。

したがって，損失回避的な利益調整行動を行なっているとみなされる企業群において，企業価値の説明力は低くなっていることが明らかにされた。

[注]
（1） 会計情報の価値関連性における利益調整の影響を分析した研究に Marquardt & Wiedman（2004）がある。Marquardt & Wiedman（2004）は，経営者が利益を調整するという動機と機会が最も強くなるのは株式買付を行なう年度であるということを前提とし，買付のタイミングと利益調整の関連を調査したうえで，会計数値と企業価値関連について分析している。分析結果からは，株式価値における簿価の関連が強いときには，当期純利益の関連が弱くなることを示している［Marquardt & Wiedman（2004），pp. 326-327］。
（2） Brown（1999）に従い第4章の分析と同様に係数の基準化を測るため各変数を株価でデフレートしている。
（3） 極値の処理については，第4章と同様に各変数の両端0.5％を除外している。
（4） 許容度とVIFは，変数間の多重共線性の程度を調べる数値である。許容度とVIFの間にはVIF＝1／許容度という関係が存在する。許容度の小さい独立変数やVIFが大きい独立変数である場合は，他の独立変数と線形関係である可能性が存在する［石村（2005），15頁］。
（5） VIFのベンチマークについては太田（2004）を参照のこと［太田（2004），180頁］。
（6） t値の読み方については石村（2005）を参照のこと［石村（2005），15頁］。

第7章　利益調整が企業価値説明力に及ぼす影響と残された課題

第1節　はじめに

　本書の目的は，利益調整が企業価値説明力に及ぼす影響を明らかにすることであった。そこで本書では，その目的を果たすために次の2つの視点から分析を行なった。一つ目の視点は利益調整の存在の有無が企業価値説明力に差異をもたらすか否かについてであり，二つ目の視点は，会計利益に対する利益調整の影響が企業価値説明力に差異を及ぼすか否かについてであった。利益調整を利益調整の存在と会計利益における裁量的発生高の程度をみるという，二つの側面から分析し，その2つが企業価値の説明力にどの程度の差異をもたらしているかについて検証を行なった。

　第一の目的であり，一つ目の視点でもある利益調整の存在と企業価値説明力に関する検証では，利益調整の動機のうち予測利益達成の動機による利益調整を取り上げて分析を行なった。予測利益をとりあげた理由は次による。第一は，近年の研究結果から株式市場における利益調整の動機として，予測利益達成が最も強い利益調整の動機となっていることである。そして第二は，わが国が他国と異なり決算短信などで，予測利益を入手しやすい状況にあることである[1]。

　第二の目的であり，二つ目の視点でもある会計利益における利益調整の程度が企業価値説明力に差異をもたらすか否かについての検証では，当期純利益に対する裁量的発生高の大きさをみるDA/E比率を測定して，その比率の大きさ

ごとに回帰分析を行ない企業価値の説明力を分析した。

上に述べたように利益調整が企業価値説明力にどの程度の影響を及ぼすかということについて，利益調整と企業価値を結び付けての分析は，従来の研究にはみられない本書の大きな特徴であった。それは第1章において述べたように，昨今では，市場における企業価値の向上が企業経営の大前提となっているが，極端な企業価値の創造は，時に粉飾決算などの会計不正を生み出すことにつながり，投資家などの期待を裏切る状況も生み出すからである。したがって，企業価値を研究対象とした場合には，その元となる会計数値における利益調整の影響についても検証する必要があると考えたからである。

本章の構成は次のとおり。第2節では，本書の内容の確認の意味も含め，第1章から第6章までの要約を行ない，本書における発見事項を示す。第3節では本書の分析に内在する限界を指摘するとともに，今後取り組むべき研究課題について提示して，本書をむすぶこととする。

第2節　本書で示された知見

本書では，利益調整が企業価値の説明力に影響を与えるか否かについて検証を行なった。従来の研究では，利益調整と企業価値の研究は別々になされることが多かった。しかし，本書では会計数値をもとに企業価値を測定するモデルを使用する場合，会計数値への利益調整の影響も考慮した分析を行なうことは不可欠であるという考えから，利益調整と企業価値の両者を結合して研究を進めた。

具体的には，利益調整の存在と企業価値の説明力の実証と会計利益における利益調整の程度が企業価値の説明力に差異をもたらすか否かについての実証という二本立てで分析を進めてきた。

ここで再度，第1章から第6章までの要約を行ない，それらの章を通じて導出された本書の研究目的に対する答えと解釈を示すことにする。

第1章「会計が果たす役割と利益のあり方」では，最初にFASBのSFAC2

号およびASBJの『討議資料』と会計情報の機能について述べ，本書では会計情報がもつ投資意思決定有用性を根底に研究を進めることを示した。そのうえで，企業価値と利益調整の2つの概念には，いくつかの諸説が存在することから，それらの整理と検討を行なった。したがって，第1章では，第2章以降の研究を円滑に進めるための企業価値と利益調整の概念について検討した。その結果，本書における利益調整の概念には，Dechow & Skinner（2003）によることを述べた。さらに第4節では本書の研究目的が，利益調整の存在と企業価値の説明力の関連と会計数値における利益調整の程度と企業価値の関連という2つの視点から取り組むことを明らかにして，本書の目的を達成するための道筋を明確に示すため本書の構成について説明を行なった。

第2章「企業価値評価と利益調整の動機」では，本書において使用する企業価値評価モデルと本書で取り扱う利益調整の動機について考察を行なった。まず第2節では，企業価値評価モデルについては，配当，キャッシュ・フローおよび会計利益のそれぞれをもとにしたDDM，DCFおよびRIMの3つのモデルをとりあげた。そして，それぞれのモデルの理論的展開とモデル間の企業価値評価の測定力に関する優劣を比較検討した。その結果，本書では会計利益と関連があり，また企業価値の測定力の高いRIMをとり上げることとした。

そして第3節では，本書のもう1つの柱である利益調整の動機について考察を行なった。利益調整の傾向には，利益増加型と利益減少型があり，さらに利益調整の動機については，機会主義的動機と情報提供的動機，契約に関する動機，株式市場に関する動機などがあることを示した。そして，契約に関連した動機と株式市場に関する動機の2つから利益調整の動機についての検討を行ない，契約に関連した利益調整の動機に関わる債務契約，報酬契約，政府契約などの仮説と市場に関する動機について説明し考察した。考察の結果，近年は，会計数値を公表した後の株式市場の反応に対応して利益調整を行なう株式市場に関する動機が主な目的となってきていることを示した。

第2章の企業価値と利益調整の考察をもとに，本書で使用する企業価値評価モデルはRIM，利益調整の動機については株式市場に関する動機のうち予測

利益達成のための動機をとり上げることを示した。この章での考察は，第3章から第6章までの利益調整と企業価値との関連を検討するうえでの前提となるものであり，ここでの考察をもとに本書の研究課題を第4節にて提示した。

本書では，会計利益と関連が強いRIMを根拠とする株価モデルを使用することにより会計数値の企業価値説明力を検証した。ただし，RIMは会計数値を使用するモデルである。そのため，会計数値に対する利益調整の影響についても考慮する必要があると考えられるが，Palepu et al. (2000)は簿記の自己修正機能により，会計数値への調整は企業評価には影響しないとした。その一方で，会計利益に対する利益調整の影響は企業評価に影響をもたらすとする意見もあった。

第3章「予測利益達成のための利益調整」では，利益調整の動機のうち予測利益達成のための利益調整に焦点をあてて，最初に予測利益情報の有用性の検証を行ない，予測情報の有用性を検証したうえで，予測利益達成のための利益調整の存在について分析した。第3章の二つの分析結果は，本書の目的の一つである利益調整の有無が企業価値の説明力に差異を及ぼすか否かを検証するための前提条件である予測情報そのものが市場に対して影響があるかをみるものであり，予測情報が意思決定に有用であることを示した結果を踏まえて第4章で予測利益達成のための利益調整と企業価値説明力について検証を行なった。

第3章の検証ではBurgshtahler & Dichev (1997)の手法を用いて，売上高，経常利益および当期純利益の次年度予測値と当該年度の実績値の差異の予測誤差率を測定し，そのヒストグラムを作成して利益調整の有無を確認する分析を行なった。第3章での分析結果は経常利益のみに予測利益達成のための利益調整が認められただけであった[2]。しかしこの結果は，同章において分析した予測情報の有用性において株価に対するインパクトが経常利益のほうが当期純利益よりも強かったことに関連して，この2つの分析結果から，経営者は市場に対して影響力のある会計数値に対して利益調整を行なっていることが示された。

第4章「予測利益達成のための企業価値説明力」では，利益調整の有無が企

業価値の説明力に影響をもたらしているか否かを検証した。

第4章でも第3章と同様の手法を使用して，最初に予測利益達成のための利益調整の有無を分析することから始めた。第4章では，1株当たり当期純利益を使用して，本書の第1の研究目的である利益調整の存在と企業価値の説明力の関連について検証した。

2001年から2004年までの年度別に利益調整の有無を分析した。結果はすべての年度において利益調整の存在が確認された。その結果をうけて，各年度のヒストグラムの0に隣接する直前と直後の55のサンプルと－0.015以下あるいは＋0.015以上のグループの4つに分けて，それぞれのグループの会計数値を用いて，企業価値の説明力を測定した。分析の結果，2001年から2004年までの全年度にて，わずかに0を上回ったグループ，すなわち予測利益達成のための利益調整を行なったとされるグループの決定係数が4つのグループの中で一番低い値となっていた。この結果は，利益調整を行なったとされるグループの会計数値の企業価値の説明力が著しく低下していたことを示すものである。

したがって，第4章の分析結果から，利益調整の存在が企業価値の説明力に影響を与えていることが明らかにされた。

しかし，第4章の分析では，利益調整の有無についてヒストグラムによって検証したため，わずかに予測値を上回ったと思われる企業の中には，利益調整ではなく実際の経営努力の結果，予測値を上回った企業も存在することがありうる。そこで第5章と第6章では，利益調整と企業価値の説明力についてより詳細な分析を試みることとした。第5章では，裁量的発生高を用いて会計数値における利益調整の程度をみることにより，その大きさが企業価値の説明力にどの程度の差異を及ぼしているかを検証した。

第5章「裁量的発生高による利益調整」では，CFO修正ジョーンズモデルを使用して非裁量的発生高を推定し，裁量的発生高を測定した。測定した裁量的発生高をBalsam (1998)の手法に倣い，裁量的発生高の絶対値に対する当期純利益の割合をみることによって（本書ではDA/E比率とした），会計利益に対する裁量的発生高の大きさを測定した。

DA/E比率の大きさごとに11のポートフォリオを作成して，比率の大きさごとに利益調整の傾向とその大きさについて検証した。検証は，全体のサンプルによるものと，分母を当期純損失と当期純利益の場合の3つに分けて行なった。第5章の結果から次の3点が示された。第一は，分母が当期純損失である場合には，利益増加型の利益調整を行なっていたことである。第二は，当期純損失の値が比較的少額なグループほど，損失額を僅少にするような多額の利益増加型の利益調整を行なっていたことである。第三は，分母の当期純利益である場合には，一部のポートフォリオを除いて利益減少型の利益調整を行なっていた。しかし，当期純利益額が僅少であるポートフォリオでは，当期純利益がプラスでありながら利益増加型の利益調整を行なっており，利益増加型の利益調整を行なうことにより損失を利益に変えていたことが明らかにされた。

第6章「裁量的発生高と企業価値説明力」は，本書の2つ目の研究目的に対する検証であり，第5章で分析したポートフォリオを使用して，DA/E比率ごとに企業価値の説明力の差異を分析した。第6章でも第4章と同様にRIMを根拠にもつ株価モデルによって企業価値の説明力を分析した。ただ第6章では，予測利益をベンチマークとした分析を行なった訳ではないため，1株当たり純資産簿価と1株当たり当期純利益の2つの変数によって企業価値の説明力を分析した。

DA/E比率の大きさと企業価値との関連による分析結果は，全サンプル，当期純利益がマイナスのサンプル，そして当期純利益のサンプルのいずれのサンプルにおいても，当期純利益の金額が僅かなポートフォリオ，当期純損失の金額が少額なすなわち損失回避的な調整を行なったと思われるポートフォリオにおける企業価値の説明力が他のポートフォリオと比較して低くなっていることが明らかにされた。

以上が第1章から第6章までの各章の考察と分析結果の要約である。これら6つの章は，本書の研究課題である次の2つの問いの答えを検証するものであった。ここで2つの研究課題を再掲する。第一の研究課題は，利益調整の存在が企業価値の説明力に差異を及ぼすか否かを明らかにすることであり，第二の

研究課題は，会計数値における利益調整の程度が企業価値の説明力に差異を与えるか否かを明らかにすることであった。

これら6つの章から得られた研究課題に対する発見事項は次のとおりである。

第一の研究課題「利益調整の存在が企業価値の説明力に与える影響について」は，利益調整の動機に予測利益達成をとりあげた第4章の分析結果から，わずかにベンチマークを上回るような利益調整を行なっているグループにおける会計数値の企業価値の説明力が低くなっていることが明らかにされた。すなわち利益調整の存在は企業価値説明力に差異を及ぼしていたのである。

そして第二の研究課題「会計利益における利益調整の程度は企業価値の説明力に差異を与える」に対する結果は次のとおりである。当期純利益の金額が僅少な企業，当期純損失の金額が僅少な企業は，裁量的発生高を計上することによって，損失回避するような利益調整を行なっていた。そしてそうした企業の企業価値の説明力は，他のポートフォリオと比較して説明力も低くなっていたのである。これら2つの結果から第二の研究課題に対する答えは，会計利益における利益調整の程度が企業価値の説明力に影響を及ぼすのは，利益増加型の利益調整によって損失回避を行なった企業にのみ明らかであり，そうした企業の企業価値の説明力は低くなっていた。

これら2つが本書の研究課題に対する答えである。第二の研究課題に対する発見事項は，岡部（2004）が指摘した特徴と一致する。岡部（2004）によれば，期待外利益がマイナスになった場合，期待利益達成を失敗したという点のみが強調されて，マイナスの金額が大きいか小さいかはさして重要なこととはみなさないとしている［岡部（2004），31頁］。したがって，ベンチマークをわずかに上回ることこそが重要なのである。そのことは第5章の分析結果が示すように，当期純利益額が僅少な企業は，多額の裁量的発生高を計上することにより，利益増加型の利益調整を行ない損失回避の利益調整を行なっていたことによって明らかにされた。

それでは第4章の分析結果が示すようにベンチマークを越えたにも関わら

ず，そうしたグループの企業価値評価への説明力が低下したのはなぜだろうか。それは，たとえわずかであっても利益調整を行ない実態に則していない会計数値は，企業価値の説明力を低くするのである。したがって本書の分析において実績値が予測値をわずかに上回った企業の中には，経営者が裁量的発生高を多額に計上することによって予測値を満たしているとした須田・首藤（2004）と同様な手法で予測値を満たしている企業が含まれていたかもしれない。そのため，そのグループの企業価値の説明力は低くなったと考えられる。Palepu et al.（2000）は，RIM は会計方法の選択によって変化する会計数値を用いているが，簿記の自己修正機能により会計数値への評価方法の変更などは影響しないとしていた。本書の結果は，利益調整の存在があるグループの企業価値の説明力が低下したり，会計数値への利益調整の程度が大きい企業の企業価値の説明力が低下しており，この結果は Palepu et al.（2000）[3]と一致する。

なぜなら，もし，会計数値における利益調整の存在や会計数値に対する利益調整の大きさなどによる会計利益への「歪み」が，調整されないままならば，利益調整によって予測利益を達成したり，損失を回避した企業の企業価値の説明力は高くなるからである。しかし，本書の結果では，利益調整の存在が認められた企業や裁量的発生高などを大幅に計上した企業の企業価値の説明力は低下していたのである。したがって，本書の結果は Palepu et al.（2000）の意見を支持するものであり，その証拠を示したといえる。

第3節　残された課題

第2節では本書の要約および本書で明らかにしたいくつかの知見を示した。第3節では，本書に内在する限界と今後の課題について示すこととする。

本書に内在する限界は次の3点である。

第一の限界は，分析サンプルに関する限界である。本書の第3章から第6章で分析に使用したサンプルは，特定の業種に偏ったサンプル構造になっている点である。このことから，本書の分析結果をより頑強なものとするためには，

こうした業種間の偏りなどを考慮したうえでの分析を行なう必要がある。

　第二の限界は，第4章および第6章における企業価値の説明力の推定にあたって，予測誤差率やDA/E比率の大きさによってサンプルをグルーピングして，そのグループやポートフォリオごとに企業価値を推定しており，それらのグループには複数の業種が混在している。しかし，Matsumoto (2002) によれば，企業価値の説明力は業種ごとの測定を行なわない場合には，その企業評価モデル自体の説明力が下がるとしている[4]。そのため，今後はサンプルごとの同質性を考慮したうえで分析することが不可欠である。したがって，本書の結果の解釈はそうした意味において限定的である。

　第三の限界は，利益調整の存在と企業価値の説明力および会計数値における利益調整の程度が企業価値の説明力にもたらす差異の2つの研究目的について，同一のサンプルによる検証を行なっていない点である。本書における2つの研究課題に対する答えを，より一層，強固なものとするためには，同一サンプルで検証を行うことが必要であると考えられる。

　以上3点が本書に内在する限界である。最後に本書における今後の研究課題について述べることにしたい。

　本書の検証を通じて導かれた今後の課題は次の3点である。第一の研究課題は，近年，非裁量的発生高を推定するためのモデルとして修正ジョーンズ・モデルに前期の会計発生高と売上高成長率などを加えたForward Looking ModelがDechow et al. (2003) によって示された[5]。今後は新たなモデルを使用して裁量的発生高を測定し，会計数値と企業価値との関連を分析することである。新たに改良された測定誤差の少ない裁量的発生高のモデルを用いれば，より厳密かつ正確に利益調整と企業価値との関連が明らかにされることとなるであろう。

　本書では予測利益をベンチマークとした企業[6]のみを対象に利益調整の有無と企業価値の説明力を測定した[7]。しかし，利益調整の動機は本書で取り上げた要因以外にも存在する。そこで第二の研究課題は，本書で取り上げた以外の要因も検討して利益調整の動機と企業価値との関連性を検討することであ

る。

　現在わが国の会計制度は国際会計基準への移行の只中にある。経営者がベンチマークとする予測利益についても四半期で公表されるようになっている。情報公開の迅速化という点からすれば歓迎すべきことである。しかしそうした現状は，公表する企業側の決算政策が複雑化し，投資家の情報環境における不確実性が高まるという懸念もあるという［大日方（2008），30頁］。したがって第三の研究課題は，会計基準の変更なども踏まえて研究を行なうことである。新たな基準のもとで利益調整と企業価値の関連に関する研究を行なうことが，今後，新たな知見を示していくために不可欠であるからである。

[注]

（1）　本書では，予測利益を野村證券のホームページと企業のホームページから入手した。なお，決算短信に記載される実績値と予測値は決算発表翌日の日本経済新聞の朝刊に掲載されるため，日本経済新聞から入手することも可能である。また，最近では経営者予測のほかアナリスト予測などを含め予測利益に関するデータベースの充実が図られてきているため以前にも増して予測利益にはアクセスしやすい環境となっている。
（2）　従来の研究では，予測利益達成のための利益調整について検証を行なう際，本決算と中間決算の数値をプールしたサンプルによって分析を行なっていた。当然のことながら，一年前の本決算で公表された予測値よりも半年後に公表された中間決算の値のほうが精度は高くなっている。その点をふまえた分析を補章で行なった。
（3）　本書では Palepu et al.（2000）をもとに企業価値評価モデルの考察を行なったが，Penman（2001）にも詳しい記述がなされている。
（4）　Matsumoto（2002）は業種ごとに利益と株式価値関連性との関連性が異なることを指摘している［Matsumoto（2002），p. 494］。
（5）　須田（2008），太田（2007）を参照のこと。
（6）　Jaggi（1995）は，裁量的な会計方針の変更と経営者予測利益との関連を調査している。
（7）　近年，予測利益をめぐって新たな研究が試みられるようになってきている。野間（2008, a）では，経営者予測とアナリスト予測を用いて，経営者がアナリスト予測を上回る利益予想を公表することによる期待マネジメントを行なっていることを明らかにしている［野間（2008, a），p. 121］。

補　章　予測利益達成のための利益調整
―中間決算短信と年次決算短信による分析―

第1節　は じ め に

　本書では第3章と第4章の2つの章で，予測利益達成のための利益調整の検証を行なった。それら2つの章の検証では中間決算の予測数値を使用して分析を行なっていた。しかし，わが国では中間決算以外にも年次決算にて配布される決算短信にも予測数値は掲載されている。中間決算のみの分析にとどまっていた。そこで補章では，追加的な検証として中間決算短信と年次決算短信の予測数値を使用して半年の時間的推移が両者にどの程度の差異を生じさせるのかについて分析を試みる。

第2節　分析手法とサンプル

　第2節では，補章で検証する仮説を提示し，そのうえで分析手法について説明する。そしてサンプルの収集方法とその基本統計量を示すことにする。

2-1　仮　　説

　第3章で行なった先行研究のレビューでは，ほぼすべての研究で予測利益を満たすために経営者が実績値を調整する行動を行なっているという結果で一致していた。そこで補章では次の仮説を検証する。

仮　説1　経常利益と当期純利益の2つの利益数値では利益調整の程度に差がある。

仮　説2　年次決算と中間決算では利益調整の程度に差がある。

利益数値別にみると須田・首藤（2004）では，経常利益より当期純利益のほうが経営者による利益調整の程度が大きいことを明らかにしていた。しかし須田・首藤（2004）は単独数値による分析を行なっており，連結数値による分析を行った野間（2004）は，当期純利益のみを分析としていた。そこで補章では，経常利益と当期純利益の2つの利益数値による予測利益達成のための利益調整の存在を検討する。使用する予測値は年次決算と中間決算に記載される次期の業績予想値である。

また，Burgstahler & Eames（2006）では，利益公表日までの日数を考慮した分析も行なっていた［Burgstahler & Eames（2006），pp. 637-640］。そこで補章では，2つめの仮説として年次決算と中間決算に公表された2つの予測値を別々に分析することにより，先行研究では示されていなかった期間的な推移によって利益調整の度合いが変化しているかという点についても検証していく。

2-2　分析手法

補章では，須田・首藤（2004），野間（2004）に倣い，予測利益と実績利益の差額を期首の資産総額で割ることによって予測誤差を算出する。そのうえで，ヒストグラムの0前後の形状から，予測利益達成のための利益調整の有無を確認する。ヒストグラムの0付近の形状に不自然な歪みが観測されたならば，その差が統計的にも有意なものであるかについて標準化差異検定にて検証する。以下，分析手法を示すこととしよう。

(1)　予測誤差率の分布

予測誤差率のヒストグラムを作成するための予測誤差率 FE は次の式によって算出する。

第2節　分析手法とサンプル　159

$$FE_t = \frac{AE_t - MF_t}{AS_{t-1}} \quad \cdots\cdots\cdots\cdots\cdots\cdots\cdots\cdots\cdots\cdots\cdots\cdots\cdots\cdots\cdots\cdots\text{(補1)}$$

ここで，$FE_t = t$ 期の予測誤差
$AE_t = t$ 期の実績利益
$MF_t = t$ 期の経営者予測
$AS_t = t$ 期の資産総額

上の式で算出した FE_t によってヒストグラムを作成する。経常利益，当期純利益ともに−0.1 から＋0.1 の範囲にある観測値を 0.001 の階層幅で区切り，縦軸を頻度とするヒストグラムを作成する。

(2) 標準化差異検定

予測誤差率のヒストグラムによって，0 付近の不規則な歪みが観測された場合，その不規則な歪みが統計的に有意であるか否かを確認するため標準化差異検定を行なう。

標準化差異検定は，最初に特定区間の期待値を測定する。期待値は特定区間の前後2区間の平均値と仮定され，その期待値と実際値の差異を標準偏差で割る。このとき算出される値が標準化差異である。ここで「各情報変数の分布は正規分布である。」という帰無仮説を設定する。この仮説にしたがえば，ヒストグラムの各区間の頻度と算出された標準化差異の差が統計的に大きい時，その分布形状が正常ではなく異常であると判断され，帰無仮説は棄却される。標準化差異は，平均 0，標準偏差 1 で分布する。したがって，有意水準が 1％ = 2.326，5％ = 1.645（ともに片側検定）で仮説が棄却される。

2−3　サンプルと基本統計量

補章では，金融商品取引所の一部上場企業のうち次の基準を満たす企業をサンプルとした。

① 2000 年から 2004 年までの間に，決算短信および中間決算短信に実績値と予測値を公表している企業。
② 決算期間が 12 ヵ月であり，3 月決算の企業であること。

図表補-1　各年度の業績予想値のサンプル数

	決算短信		中間決算短信	
	経常利益	当期純利益	経常利益	当期純利益
プール	2807	2821	2810	2827
2000	686	686	691	691
2001	708	709	706	708
2002	709	716	710	717
2003	704	710	703	711

図表補-2　予測誤差率の基本統計量

パネルA：年次決算

	N	平均値	中央値	標準偏差	分散	最小値	最大値	第1四分位	第2四分位	第3四分位
経常利益	2807	−0.00540	−0.00179	0.02532	0.00064	−0.20068	0.11252	−0.01365	−0.00179	0.00702
01経常利益	686	0.00172	0.00172	0.02344	0.00055	−0.14206	0.11252	−0.00672	0.00172	0.01066
02経常利益	708	−0.02063	−0.01440	0.02837	0.00080	−0.19268	0.04033	−0.03085	−0.01440	−0.00280
03経常利益	709	−0.00378	−0.00087	0.02062	0.00043	−0.14295	0.05623	−0.00996	−0.00087	0.00679
04経常利益	704	0.00134	0.00219	0.02135	0.00046	−0.20068	0.08094	−0.00613	0.00219	0.01079
当期利益	2821	−0.01032	−0.00387	0.02831	0.00080	−0.20386	0.12737	−0.01651	−0.00387	0.00339
01当期利益	686	−0.00543	−0.00171	0.02832	0.00069	−0.14106	0.12737	−0.01166	−0.00171	0.00475
02当期利益	709	−0.02407	−0.01506	0.02919	0.00085	−0.19573	0.03071	−0.03514	−0.01506	−0.00528
03当期利益	716	−0.01108	−0.00483	0.02733	0.00075	−0.18923	0.05879	−0.01542	−0.00483	0.00180
04当期利益	710	−0.00056	0.00166	0.02463	0.00061	−0.20386	0.06599	−0.00434	0.00166	0.00808

パネルB：中間決算

	N	平均値	中央値	標準偏差	分散	最小値	最大値	第1四分位	第2四分位	第3四分位
経常利益	2810	−0.00041	0.00051	0.01112	0.00012	−0.07334	0.05111	−0.00467	0.00051	0.00500
01経常利益	691	−0.00052	0.00029	0.01017	0.00010	−0.01524	0.03832	−0.00457	0.00029	0.00473
02経常利益	706	−0.00235	−0.00141	0.01249	0.00016	−0.05607	0.05111	−0.00749	−0.00141	0.00366
03経常利益	710	−0.00035	0.00077	0.01023	0.00010	−0.07334	0.03317	−0.00357	0.00077	0.00473
04経常利益	703	0.00156	0.00190	0.01111	0.00012	−0.06208	0.03786	−0.00270	0.00190	0.00671
当期利益	2827	−0.00460	−0.00116	0.01667	0.00028	−0.18353	0.11300	−0.00750	−0.00116	0.00239
01当期利益	691	−0.00320	−0.00121	0.01276	0.00016	−0.07196	0.11300	−0.00629	−0.00121	0.00186
02当期利益	708	−0.00839	−0.00401	0.01609	0.00026	−0.10614	0.03249	−0.01308	−0.00401	0.00056
03当期利益	717	−0.00687	−0.00284	0.01823	0.00033	−0.13533	0.04819	−0.00954	−0.00284	0.00110
04当期利益	711	0.00012	0.00157	0.01765	0.00031	−0.18353	0.08179	−0.00161	0.00157	0.00526

③ 東証一部上場の製造業のうち，証券コード協議会による中分類に属する企業であること[1]。

上に示した3つの基準によって選択した企業を分析対象とした。ただし，極端な数値が分析結果に影響を及ぼすことを避けるため，各サンプルの両端0.5％のサンプルは除外した[2]。なお，予測値のデータベースについては，各企業のホームページおよび野村證券の投資情報の中の決算短信情報検索ホームページから収集して作成した。最終的に使用されるサンプル数は図表補-1のとおりである。

図表補-2は，補章で使用する変数によって測定した予測誤差の基本統計量である。年次決算および中間決算の平均値，中央値などほぼすべての統計値において，経常利益の値が当期純利益より小さくなっている。また，決算期別にみると経常利益および当期純利益のいずれも年次決算の平均値よりも中間決算の数値が小さくなっており，予測精度があがっていることがわかる。

第3節　実証分析の結果と解釈

3-1　年次決算による予測誤差の分布状況

まず年次決算における予測誤差のヒストグラムからみていくことにしよう。図表補-3から図表補-7までが年次予測誤差の経常利益によるヒストグラムである。図表補-3と図表補-8は，経常利益および当期純利益それぞれの2001年から2004年までの観測値をまとめてヒストグラムにしたものである。経常利益のヒストグラムをみると，0の付近で不規則的な形状となっている。0を境にして，0の隣接する右側が極端に大きくなっており，0より右側の2つめの階級が極端に少なくなっている。つまり，予測値をわずかに下回った企業は少なく，わずかに上回った企業が極端に多くなっていることを示し，経営者が予測値をわずかに上回るような利益調整を行なっていることを意味するものである。年度ごとのヒストグラムをみると，プールデータによるヒストグラムほど顕著ではないが，2003年と2004年は，0の右側の度数が極端に高くなって

図表補 3　年次　経常利益プール

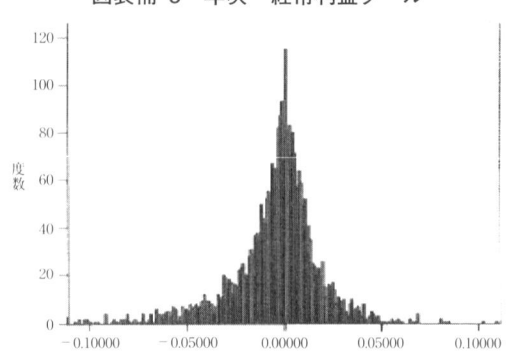

図表補-4　年次　経常利益 2001 年

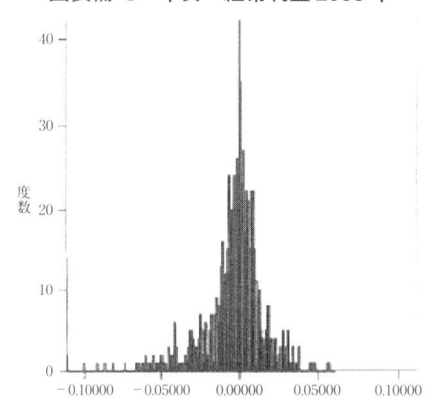

図表補-5　年次　経常利益 2002 年

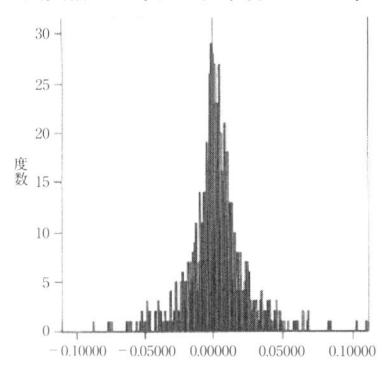

図表補-6　年次　経常利益 2003 年

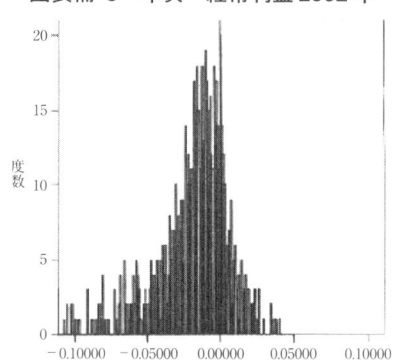

図表補-7　年次　経常利益 2004 年

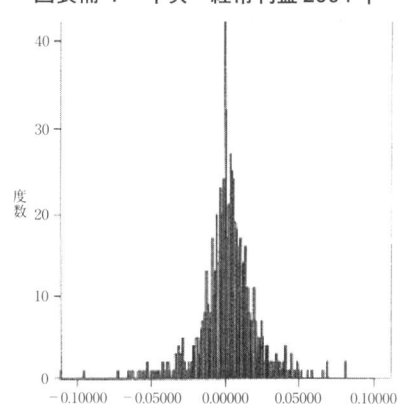

第3節　実証分析の結果と解釈　163

図表補-8　年次　当期純利益プール

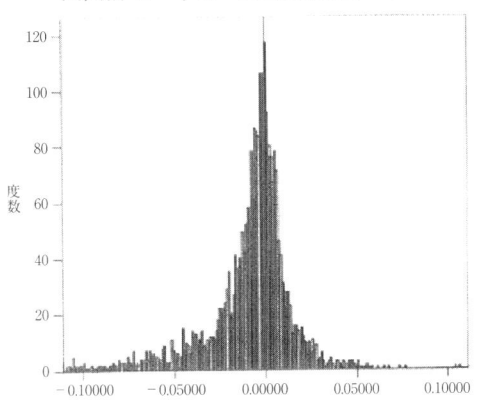

図表補-9　年次　当期純利益2001年

図表補-10　年次　当期純利益2002年

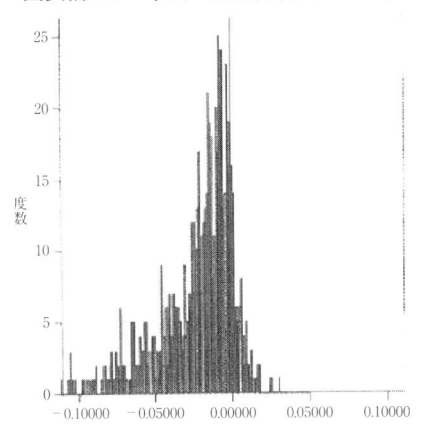

図表補-11　年次　当期純利益2003年

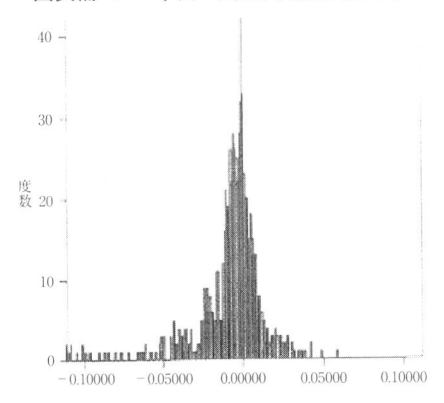

図表補-12　年次　当期純利益2004年

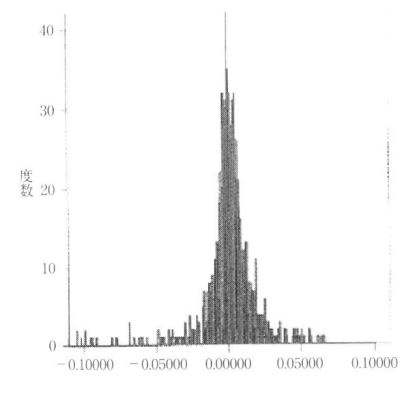

いる。なお，サンプル数が700前後であるがプールデータと同様に，ヒストグラムの区間を0.001としているためヒストグラムの形状が全体的にばらついた状態となっている。

つぎに年次予測誤差の当期純利益のヒストグラムについてみてみる。図表補-8をみると，経常利益と異なり，当期純利益は0を境として左右の差があまりない。しかしながら，他の区間と比べると0に隣接する左右の区間の頻度の高さは明らかである。当期純利益の段階においても経常利益と同様に，予測値に実績値を近づけるような利益調整を経営者が行なっていることがわかる。また年ごとにみた場合，各年サンプル数が700前後であるにもかかわらず0.001の階級幅によってヒストグラムを作成しているため，ヒストグラム全体の形状がばらついたものとなり，0付近の不規則性が明らかに確認されるのは2001年のみである。本分析結果から年次決算における利益調整の有無は，経常利益のほうが当期純利益よりもより強くなされていることが明らかにされた。

3-2　中間決算による予測誤差の分布状況

次に中間決算の分布状況を確認する。図表補-13から図表補-22までが中間決算における予測誤差率のヒストグラムである。最初に経常利益からみていく。図表補-13は2001年から2004年までのサンプルをまとめてヒストグラムにしたものである。0を境に，0の右側が極端に増えている。このことは，予測値をわずかに上回るように実績値を調整していることを示している。

予測値をわずかに上回るような利益調整の傾向は，年次決算の段階よりもより顕著になっている。そして，図表補-14の2001年から図表補-17の2004年までをみてもすべての年度において0に隣接する右側の企業数が極端に増加している。参考までに，図表補-4から図表補-7の年次決算と図表補-14から図表補-17の中間決算の予測誤差率のヒストグラムを比較してみると，ヒストグラム全体の形状が，中間決算のほうが−0.05から+0.05の範囲内に存在する企業数が増え，中央に収斂した形状となっている。このことは，中間決算における利益調整の度合いがより強くなっていることを示している。

第3節　実証分析の結果と解釈　　165

図表補-13　中間　経常利益プール

図表補-14　中間　経常利益2001年

図表補-15　中間　経常利益2002年

図表補-16　中間　経常利益2003年

図表補-17　中間　経常利益2004年

166　補　章　予測利益達成のための利益調整―中間決算短信と年次決算短信による分析―

図表補-18　中間　当期純利益プール

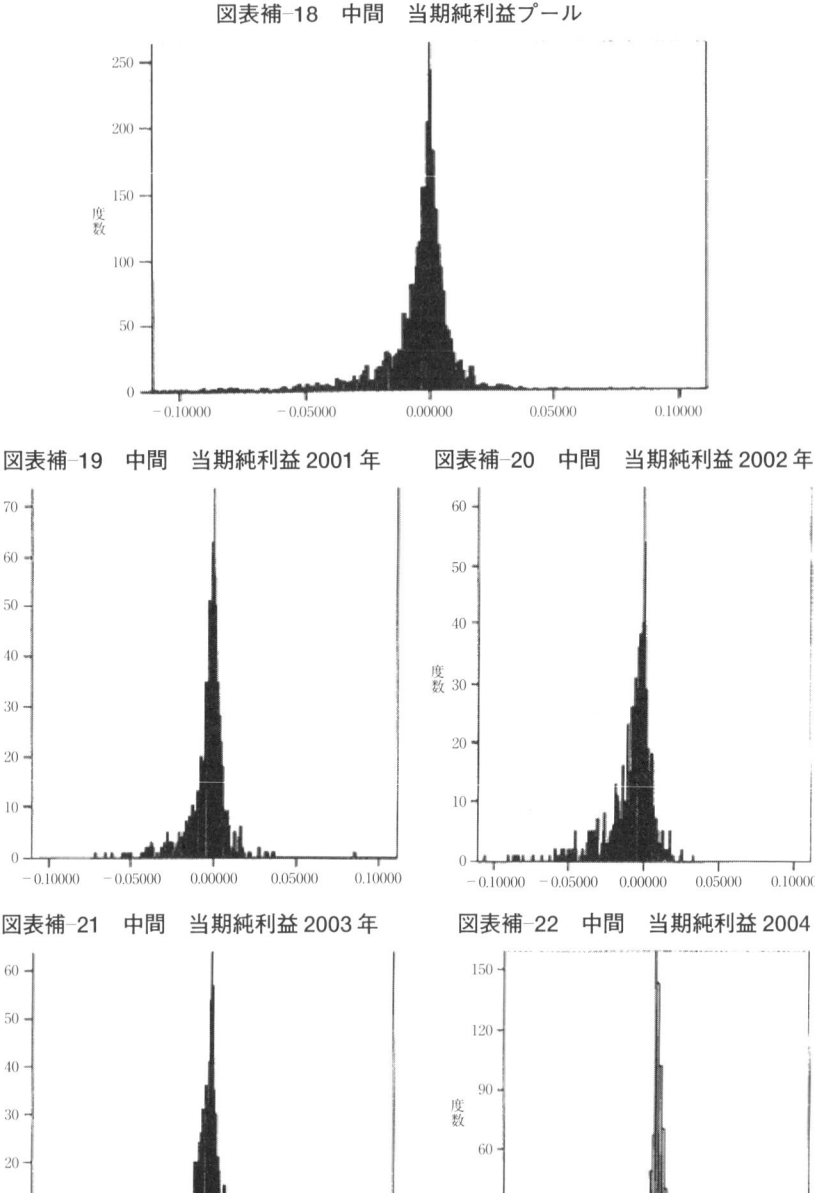

図表補-19　中間　当期純利益2001年

図表補-20　中間　当期純利益2002年

図表補-21　中間　当期純利益2003年

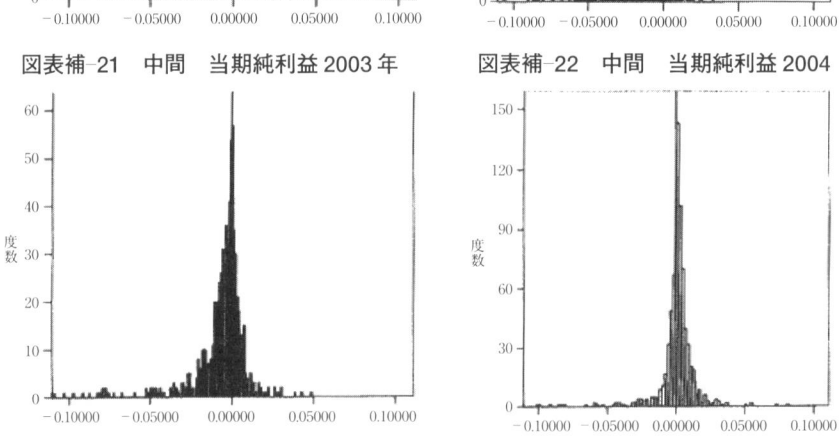

図表補-22　中間　当期純利益2004

第3節　実証分析の結果と解釈　*167*

当期純利益についてみることにしよう。図表補-9の当期純利益でも0付近の不規則性は確認され，0の右側が極端に増えており，予測値を僅かに上回るような利益調整を行なっている。ただ，0に隣接する左側も0の左2つ隣の階層に比べて増えていることから，当期純利益では，予測値は超えないが実績値に近づけるような利益調整は行なわれていると考えることができる。詳細にヒストグラムを分析するために図表補-14から図表補-17までの各年のヒストグラムをみると，図表補-14と図表補-16の2001年と2003年では，0に隣接する左側が極端に増加しているのに対して，図表補-15と図表補-17の2002年と2004年では0に隣接する右側が極端に増加している。つまり，予測値に近づける利益調整を行なった翌年には，予測値をわずかに超えるような利益調整を行なっている企業が多くなっていると考えられるのである。このことは，経営者が，利益平準化を行なうことで翌年の予測値を達成しやすいようにしているということを示唆しているとも考えられる。

当期純利益の予測誤差率について年次決算と中間決算を比較すると，年次決算と比較して中間決算のほうが中央に収斂した形状となっている。つまり全体的に予測精度が高まっていると言える。

3-3　標準化差異検定の結果と解釈

図表補-23は標準化差異検定の結果をまとめたものである。ゼロに隣接する右側と左側の2区間は，利益調整の有無を検定するための区間である。また，ゼロ隣接区間以外はゼロに隣接する2区間とプラスとマイナスの両端の区間を除いた区間を意味する。

(1)　年次決算における予測利益達成のための利益調整の検証

最初に年次決算の標準化差異から検討する。図表補-23の年次決算の経常利益をみると，0の左側の標準化差異は，-3.4532となっており，1％で有意である。したがって，先に図表補-3で確認された0付近の不規則性は，統計的にみても有意であることになる。ゆえに，予測利益達成のための利益調整が確認され，仮説は棄却される。

つぎに当期純利益についてみてみよう。当期純利益の0隣接する左側は－0.2893であり，右側は1.2689であり，左側と比較すれば値は大きくなっているが，いずれの値も有意な値ではない。野間（2004）では0に隣接する左側は有意な値ではなく右側が4.961と有意な値となっている［野間（2004），52頁］。この点について野間（2004）は，経営者が予測値をわずかに超える利益調整を行なっているが大幅に超えるような利益調整は行なっていないとしている［野間（2004），52頁］。本研究の結果も両側の数値は有意ではなかったが，左側と比較して右側の値が大きくなっていたことから，傾向としては野間（2004）の結果と一致している。本研究の結果は有意な値ではなかったが，左側よりも右側の値が大きくなっていたことから，予測利益達成のために予測値をわずかに越える利益調整を行なう傾向が存在するということを示すものと考えられる。

(2) 中間決算における予測利益達成のための利益調整の検証

次に中間決算の標準化差異を検討していくこととする。まず経常利益からみてみることにしよう。経常利益の標準化差異は，0隣接左側が－3.3093，右側が3.5438でいずれも1％で有意である。この結果は，経常利益は，両決算ともに，経営者が予測利益を達成するために報告利益を調整していることを示している。

次に当期純利益についてみてみる。当期純利益の標準化差異は0に隣接する左側が0.8937，右側が2.7533である。中間決算でも，年次決算と同様に左側は有意ではない。しかし，右側は2.7533と1％で有意な値となっている。この結果は，当期純利益は経常利益ほどの利益調整を行なっていないと考えられる。

(3) 年次決算と中間決算における利益調整の比較

補章では，年次決算と中間決算に分けて予測利益達成のための利益調整について分析を行なった。須田・首藤（2004）が決算期を区別せずに分類していたことと比較して，2つの決算期を区分して分析したことが補章の分析の特徴である。そこで両決算の標準化差異を比較検討する。まず経常利益における年次

図表補-23　標準化差異検定の結果

	ゼロ隣接 (検定区間)		ゼロ隣接区間以外（検定区間外）の標準化差異				
	左側	右側	平均値	中央値	標準偏差	最小値	最大値
年次決算							
経常利益	−3.4532	3.4415	−0.0168	0.2524	0.9575	−1.6535	1.4091
当期純利益	−0.2893	1.2689	−0.1120	−0.0417	1.1898	−2.1547	2.0976
中間決算							
経常利益	−3.3093	3.5438	−0.0247	−0.3241	1.2582	−2.2020	1.8358
当期純利益	0.8937	2.7533	−0.2841	−0.3585	1.2057	−2.6787	1.9124

決算と中間決算の標準化差異を比較した場合，左側が年次，−3.4532，中間が−3.3093，右側が年次3.4415，中間3.5438となり，いずれも1％で有意な結果となっている。したがって，経常利益では，年次決算，中間決算の両決算において予測値を満たすような報告利益の調整が行なわれていることが明らかにされた。

他方，当期純利益は年次決算において0隣接左右の区間がいずれも有意ではなかった。しかし，中間決算では0に隣接する左側が0.8937，右側が2.7533であった。したがって，ここでの分析結果から，当期純利益は中間決算においてのみ予測値を満たすような利益調整を行なったということになる。

以上が，補章における分析結果である。補章の分析結果から2つの点が明らかにされた。それらを要約し解釈すれば次のようになる。

第一は，利益数値で比較した場合，予測利益達成のための利益調整は，両決算ともに，当期純利益より経常利益の段階において利益調整の傾向が強いことが明らかにされた。

この点については次のように考えられる。経常利益は，本来の事業活動における企業の経常的な利益を示すものでありわが国ではもっとも重視される数値であり，金融機関などの与信調査でも重視される利益である。それに対して当期純利益は，本来の事業活動に臨時的・偶発的な項目である特別損益を含んだ数値である[3]。したがって，経営者にとって，特別損益を含んだ当期純利益

よりも通常の事業活動による経常利益にたいして利益調整を行なうほうが，企業外部の利害関係者に対して，本業における事業が順調であることを，アピールすることにつながるからであると考えられ，ここでの分析結果は，その理由を示したものであるとも考えられる。

　第二は，決算期で比較した場合，年次決算より中間決算のほうが予測利益達成のための利益調整の傾向が強いことが示された。この点については，次のような解釈が考えられる。年次決算の後，中間決算がなされるまでの間には6ヶ月の差がある。そのため，1年前よりも半年前に予測した数値のほうが，次年度の見通しをより具体的に織り込んで予測することが可能となる。そのため，中間決算の時点では，半年後の決算時に達成可能であるような予測値をたてるため，年次決算よりも中間決算のほうが予測利益達成のための利益調整の割合が高くなると考えられる。

第4節　む　す　び

　補章では，年次決算と中間決算の決算短信に記載される経常利益と当期純利益の2つの利益数値を使用して，それらの予測利益達成のための利益調整の有無について分析を行なった。補章では，先行研究を踏まえ，それらに新たな視点も含めた次の2点について分析を行なった。第1は，連結数値における経常利益と当期純利益の2つの利益数値における利益調整の程度の差を調査することであり，第2は，年次決算と中間決算では利益調整の程度に差が生じているか否かを確認することであった。補章の分析結果を再度要約すれば，次のとおりである。

　第1の2つの利益数値における利益調整の差では，須田・首藤（2004）の結果とは異なり，連結決算の場合には，当期純利益より経常利益における利益調整の度合いが高いということが明らかにされた。第2の予測公表時点と利益調整の差については，決算日に近い中間決算のほうが年次決算における利益調整の程度が強いことが明らかにされた。したがって，補章の分析結果は，従来の

分析でなされていなかった2つの視点の証拠を追加したという点で貴重である。

補章の分析の限界については，わが国の場合，年次決算，中間決算のほか，現在は四半期決算における予測値のほか予測修正も公表されている。したがって，そうした予測情報についても分析する必要があるといえる。また2007年度決算から，営業利益の予測値も公表されている。したがって，営業利益を含めての分析も不可欠である。また，補章の分析では，Burgstahler & Dichev (1997) の分析手法に倣って利益調整の有無の分析を行なった。しかし第3章でも示したように，この分析手法は，利益調整の有無を容易に分析できるというメリットがある反面，いくつかのデメリットもあることに注意する必要がある。Burgstahler & Dichev (1997) の分析では，0付近における不規則性を利益調整とみなすが，必ずしもその不規則性が利益調整によるものではないとする。ヒストグラムの形状による分析のデメリットを指摘した研究に Dechow et al. (2003) がある。Dechow et al. (2003) は，従業員などによる経営努力の結果が0付近の不規則性を生み出しているとしている [Dechow et al. (2003), p. 374]。また Durtschi & Easton (2005) は，当期純利益を総資産，売上高，従業員数によってデフレートして分布を調査した。その結果，0付近における分布の不規則性は，デフレートする変数やサンプルの選択によって生じると結論付けている [Durtschi & Easton (2005), p. 590][(4)]。したがって補章の分析結果もそうしたデメリットを含んでいる。

[注]

(1) その結果，食品，繊維，パルプ・紙，化学，石油・石炭，ゴム製品，ガラス・土石，鉄鋼，非鉄金属，金属製品，機械，電気機器，輸送用機器，精密機器，その他製造，の16業種を対象とした。
(2) 本章の極値の扱いは田澤・山形・國村 (2007) にならった。
(3) 利益数値ごとの詳細な説明や決算操作などの記述については青木 (2007) を参照のこと。
(4) Roychowdhury (2006) では，実際的な活動を通じての利益調整について検証を行

なっている。Roychowdhury（2006）は，Burgstahler & Dichev（1997）のようなヒストグラムを使用した分析結果について次のように述べている。「企業が報告する小さな利益や小さな予測誤差は実際的な活動を通じて利益を調整している。アクルーアルズのみを分析することによって結果を引き出すことはおそらく不適切であるということを示している。」［Roychowdhury（2006），p. 365］とし，損失回避や予測利益達成を利益調整によるものであるとみなす分布型の分析結果をより慎重に検討することを促している。

参　考　文　献

〈英　　文〉

American Accounting Association: AAA, *A Statement of Basic Accounting Theory,* 1966.（飯野利夫訳『基礎的会計理論』国元書房，1969 年）.

Balsam, S.,"Discretionary Accounting Choice and CEO Compensation," *Contemporary Accounting Research* 15（1998）, pp. 229 – 252.

Beaver, W.,"The Information Content of Annual Earnings Announcements," *Journal of Accounting Research*（Supplement 1968）, pp. 67 – 92.

Beaver, W.,"Perspective on Recent Capital Market Research," *The Accounting Review*, Vol. 77,Vo2（April 2002）, pp. 453 – 474.

Beaver, W. H., M. F. McNichols & K. K. Nelson,"An Alternative Interpretation of the Discontinuity in Earnings Distributions," Stanford University Working Paper（June 2006）.

Beyer, A., Essays on Earnings Forecasts, Earnings Management and Capital Market Prices, Ph. D. diss., Evanston Illinois（June 2006）.

Bohrnstedt, G. & G. Knoke, *Statistics for Social Data Analysis* 2nd. ed., F. E. Peacock Pub., Inc.（1988）.（海野道郎・中村隆監訳『社会調査のためのデータ分析　社会統計学』ハーベスト社，1996 年.）

Brown, S., Kim, L. & T. Lys,"Use of R^2 in accounting research: measuring changes in value relevance over the last four decades," *Journal of Accounting & Economics* 28（1999）, pp. 83 – 115.

Brown, L. D., & M. L. Caylor,"A Temporal Analysis of Quarterly Earnings Thresholds: Prospensities and Valuation Consequences," *The Accounting Review,* Vol. 80, no. 2,（2005）, pp. 423 – 440.

Burgstahler, D., & I. Dichev,"Earnings Management to Avoid Earnings Decreases and Losses," *Journal of Accounting and Economics* 24（1997）, pp. 99 – 126.

Burgstahler, D., & M. Eames, "Management of Earnings and Analysts' Forecasts to Achieve Zero and Small Positive Earnings Surprises," *Journal of Business Finance and Accounting* 33 (5) & (6) (June/July 2006), pp. 633–652.

Clement, M., R. Frankel & J. Miller, "Confirming Management Earnings Forecasts, Earnings Uncertainty, and Stock Returns," *Journal of Accounting Research* Vol. 41 No. 4 (September 2003), pp. 653–679.

Conroy, R. M., R. S. Harris & Y. S. Park, "Fundamental information and share price in Japan: evidence from earnings and management predictions," *International Journal of Forecasting* 14 (1998), pp. 227–244.

Dechow, P. M, "Accounting earnings and cash flows as measures of firm performance The role of accounting accruals," *Journal of Accounting & Economics* 18, (1994), pp. 3–42.

Dechow, P. M., R. G. sloan, A. P. Sweeney, "Detecting Earnings Management," *The Accounting Review,* Vol. 70, no. 2, (April 2005), pp. 193–225.

Dechow, P. M., A. P. Hutton, R. G. sloan, "An empirical assessment of residual income valuation model," *Journal of Accounting & Economics* 26 (1999), pp. 1–34.

Dechow, P. M., S. A. Richardson, & I. Tuna, "Why Are Earnings Kinky? An Examination of the Earnings Management Explanation," *Review of Accounting Studies* (8), (2003), pp. 355–384.

Dechow, P. M., & D. J. Skinner "Earnings Management: Reconciling the View of Accounting Academics, Practitioners, and Regulators," *Accounting Horizon* 14(2), (June 2000), pp. 235–250.

Defond, M. L., J. Jimbavlo, "Debt Convenant Violation and Manipulation of Accruals," *Journal of Accounting & Economics* 17 (1994), pp. 145–176.

Degeorge, F., J. Patel & R. Zeckhauser, "Earnings Management to Exceed Thresholds," *Journal of Business*, Vol. 72 no.1 (1999), pp. 1–33.

Demski, J. S, "Choice Among Financial Reporting Alternatives," *The Accounting Review,* Vol. 49, No. 2 (April 2002), pp. 221–232.

Durtsch, C., & P. Easton, "Earnings Management? Alternative explanations for observed discontinuities in the frequency distribution of earnings, earnings changes, and analyst forecast errors," Mendoza College of Business University of Notre Dame, Working Paper (October 2004).

Durtsch, C., & P. Easton, "Earnings Management? The Shapes of the Frequency Distributions of Earnings Metrics Are Not Evidence Ipso Facto," *Journal of Accounting Research* Vol. 43 No. 4 (September 2005), pp. 557-592.

Dutta, S., & F. Gilger, "The Effect of Earnings Forecasts on Earnings Management," *Journal of Accounting Research* Vol. 40 No. 3 (June 2002), pp. 631-655.

FASB Statements of financial Accounting Concepts, No. 1, No2, No4, No5, No. 6 and No. 7. (平松一夫・広瀬義州訳『FASB 財務会計の諸概念（増補版）』中央経済社, 2007年.

Foster, G., "Stock Market Reaction to Estimates of Earnings Per Share by Company Officials," *Journal of Accounting Research* (Spring 1973), pp. 25-37.

Foster, G., *Financial Statement Analysis*, 2nd ed., Englewood Cliffs: Prentice-Hall, 1986.

Graham, J. R., C. R. Harvey, & S. Rajgopal, "The economic implications of corporate financial reporting," *Journal of Accounting & Economics* 40 (2005), pp. 3-73.

Gu, Z., "Across-sample incomparability of R^2s and additional evidence on value relevance changes over time." Working Paper, Carnrgie Mellon University.

Guidry, F., A. J. Leone, & S. Rock, "Earnings-based bonus plans and earnings management by business-unit managers," *Journal of Accounting & Economics* 26 (1999), pp. 113-142.

Han, J. C. Y, & S. Wang, "Political Costs and Earnings Management of Oil Companies During the 1990 Persian Gulf Crisis," *The Accounting Review*, Vol. 73, No. 1 (1998), pp. 103-117.

Hand, J. R. M. & W. R. Landsman, "The Pricing of Dividends in Equity Valuation," *Journal of Business Finance & Accounting*, 33 (3) & (4) (April/May 2005), pp. 435-

469.

Healy, P. M., & J. M. Wahlen, "A Review of the Earnings Management Literature and its Implication for Standard Setting" *Accounting Horizon* 13（4）,（December 1999）pp. 365–383.

Hoel, P. G., *Elementary Statistics* 4th. ed., Jones Wiley & Sons, Inc., NewYork,（1981）. 浅井晃・村上正康共訳『原書第4版　初等統計学』培風館，1994年.

Holthausen, R., D. Larcker, R.Sloan, "Annual bonus schemes and the manipulation of earnings," *Journal of Accounting & Economics* 19,（Februaly 1995）, pp. 29–74.

Jaggi, B., & A. Sannella, "The Association Between the Accuracy of Management Earnings Forecasts and Discretionary Accounting Changes," *Journal of Accounting, Auditing & Finance* Vol. 10 Issue 1 （Winter 1995）, p1–21.

Matsumoto, D. A., "Management's Incentives to Avoid Negative Earnings Surprises," *The Accounting Review* Vol. 77, No3,（July 2002）, pp. 483–513.

Marquardt, C. A., & C. I. Wiedman, "The Effect of Earnings Management on the Value Relevance of Accounting Information," *Journal of Business Finance and Accounting* 31(3) & (4)(April/May), pp. 297–332.

Ohlson, J. A., "Earnings Book Values,and Dividends in Equity Valuation," *Contemporary Accounting Resarch*, Vol. 11 No. 2, Spring, 1995, pp. 661–687.

Ohlson, J. A., "Earnings Book Values,and Dividends in Equity Valuation: An Empirical Perspective," *Contemporary Accounting Resarch*, Vol. 18, No. 1, Spring, 2001, pp. 107–120.

Pae, J., Earnings Management and Its Impact on the Information Content of Earnings and the Properties of Anakysts Forecasts, Ph. D. Diss., The University of British Columbia（April 1999）.

Palepu, K. G., P. M. Healy and V. L. Bernard, *Business analysis & Valuation: using financial statements*, 2nd. ed., OH: South-Western College Publishing, 2000.（斎藤静樹監訳『企業分析入門［第2版］』東京大学出版会，2001年，281–312ページ.）

Penman, S. H., *Financial Statement Analysis and Security Valuation*, NY: McGraw-Hill,

2001（杉本徳栄・井上達男・梶浦昭友訳『財務諸表分析と証券評価』白桃書房, 2005年）.

Penman, S. H., "An Empirical Investigation of the Voluntary Disclosure of Corporate Earnings dorecasts," *Journal of Accounting Research*（Spring 1980）, pp. 132-160.

Pownell, G., C. Wasley & G. Waymire, "The Stock Price Effects of Alternative Types of Management Earnings Forecasts," *The Accounting Review*（October 1993）, pp. 896-912.

Pownell, G. & G. Waymire, "Voluntary Disclosure Credibility and Securities Prices: Evidence from Management Earnings Forecasts, 1969-1973," *Journal of Accounting Research*（Autumn 1989）, pp. 227-245.

Rappaport Alfred, "Ten Ways to Create Shareholder Value," *Diamond Harvard Business Review*,（February 2007）（山本冬彦訳「長期的な価値創造への10原則　悪しき株主価値経営からの脱却」『ハーバード・ビジネス・レビュー』ダイヤモンド社, 2007年2月号, 24-37頁）.

Roychowdhury, S., "Earnings Management Through Real Activity Manipulation," *Journal of Accounting & Economics* 42（2006）, pp. 333-370.

Schipper, K., "Commentary on Earnings Management" *Accounting Horizon*, December, pp. 91-102.

Scott, W. R., *Financial Accounting Theory* 3rd. ed, Prentice Hall, 2003.

Subramanyam, K. R., "The Pricing of Discretionary Accruals," *Journal of Accounting & Economics* 22（1996）, pp. 249-281.

Waymire, G., "Additional Evidence on the Information Content of Management Earnings Forecasts," *Journal of Accounting Research*（Autumn 1984）, pp. 703-718.

Waymire. G., "Earnings Volatility and Voluntary Management Forecast Disclosure," *Journal of Accounting Research*（Spring 1985）, pp. 268-295.

Waymire, G., "Additional Evidence on the Accuracy of Analyst Forecasts Before and After Voluntary Management Earnings Forecasts," *The Accounting Review*（January 1986）, pp. 129-139.

〈和　　文〉

青木茂男『要説　経営分析（三訂版）』森山書店，2008年．

石井康彦「利益管理研究のディレンマ（2）」，『企業会計』第60巻第2号（2007年2月），108-109頁．

石川純治他『会計学・財務論の研究方法』同文舘,1995年．

石塚博司編著『実証　会計情報と株価』同文舘，1987年．

石塚博司編著『会計情報の現代的役割』白桃書房，2005年．

石塚博司編著『実証会計学』中央経済社，2006年．

石村貞夫『SPSSによる多変量データ解析の手順　第3版』東京図書，2005年．

伊藤邦雄『ゼミナール　現代会計入門（第6版）』日本経済新聞社，2006年．

伊藤邦雄『ゼミナール　企業価値評価』日本経済新聞社，2007年．

一ノ宮士郎「利益の質と利質分析」『証券アナリストジャーナル』（2006年5月），18-29頁．

一ノ宮四郎『QOE[利益の質]分析』中央経済社，2008年．

井上達男「予測利益を用いたOhlsonモデルによる日本企業の実証分析」，『會計』第156巻第2号（1999年8月），43-54頁．

井上達男「予測利益・純資産簿価の構成要素と企業価値評価―2000年3月決算企業の実証分析―」，『會計』第161巻第1号（2002年1月），43-54頁．

海老原崇「発生項目の予測誤差が利益の質に与える影響」，『会計プログレス』第6号（2005年9月），71-85頁．

大鹿智基「定時株主総会の正常化と経営者の意識変化に関する実証分析－業績予想の精度の変化」石塚博司編著『会計情報の現代的役割』白桃書房，2005年，116-127頁．

太田浩司「経営者の利益予想情報の有用性」，須田一幸編著『ディスクロージャーの戦略と効果』森山書店，2004年，169-208頁．

太田浩司「予想利益の精度と価値関連性―I/B/E/S，四季報，経営者予想の比較―」，『現代ファイナンス』第18号（2005年9月），141-159頁．

太田浩司「利益調整研究のフレームワーク（1）」，『企業会計』第59巻第1号（2007

年1月), 128-129頁.

太田浩司「利益調整研究のフレームワーク (2)」,『企業会計』第59巻第2号 (2007年2月), 92-93頁.

岡部孝好「市場の期待利益数値と裁量的会計行動」,『国民経済雑誌』(神戸大学経済経営学会), 第188巻第6号, 27-38頁.

奥村雅史「報告利益の裁量的決定―実証的研究の動向と課題―」,『証券アナリストジャーナル』(2006年5月), 7-17頁.

音川和久『会計方針と株式市場』千倉書房, 1999年.

音川和久・北川教央「株式持合と利益の質に関する実証研究」,『會計』第172巻第6号 (2007年12月), 28-40頁.

乙政正太『利害調整メカニズムと会計情報』森山書店, 2004年.

大日方隆『アドバンスト財務会計 理論と実証分析』中央経済社, 2007年.

大日方隆「利益情報と証券市場のアノマリー」,『企業会計』第60巻第7号 (2008年7月), 27-33頁.

株式会社日本格付研究所 財務上の特約と格付の視点 (2004年1月),
　　http://www.jcr.co.jp/qa/qa_desc.php?report_no=qa0401

國村道雄『現代経営分析』白桃書房, 1976年.

國村道雄『現代資本市場の分析』東洋経済新報社, 1986年.

後藤雅俊・桜井久勝「利益予測情報と株価形成」,『會計』第143巻第6号 (1993年6月), 77-87頁.

後藤雅俊「経営者が公表する予測情報の有用性に関する実証研究」,『會計』第144巻第2号 (1993年8月), 81-91頁.

後藤雅俊『会計と予測情報』中央経済社, 1997年.

斉藤静樹編著『会計基準の基礎概念』中央経済社, 2002年.

斉藤静樹編著『詳解 討議資料 財務会計の概念フレームワーク』中央経済社, 2003年.

桜井久勝・後藤雅敏「利益予測改訂情報に関する株価反応―インサイダー取引規制の実証分析―」,『會計』第141巻第6号 (1992年6月), 43-57頁.

桜井久勝『会計利益情報の有用性』千倉書房，1994年．

桜井久勝『財務諸表分析（第2版）』中央経済社，2007年．

桜井久勝『財務会計講義（第10版）』中央経済社，2009年．

首藤昭信「利益調整の動機—損失回避，減益回避および経営者予想値達成の利益調整を対象として—」『会計プログレス』，第8号（2007年9月），76-92頁．

須田一幸『財務会計の機能　理論と実証』白桃書房，2000年．

須田一幸「ファイナンス論と会計利益」，『企業会計』第55巻第9号（2003年9月），32-42頁．

須田一幸・首藤昭信「経営者の利益予想と裁量的会計行動」，須田一幸編著『ディスクロージャーの戦略と効果』森山書店，2004年，211-229頁．

須田一幸編著『会計制度改革の実証分析』同文舘，2004年．

須田一幸・山本達司・乙政正太編著『会計操作—その実態と識別法，株価への影響—』ダイヤモンド社，2007年．

須田一幸「実証会計学の潮流」，『企業会計』第60巻第7号（2008年7月），18-26頁．

関利恵子「利益予測情報研究の展開—先行研究のレビュー—」，明治大学経営学部『経営論集』第50巻1号（2002年10月），189-202頁．

関利恵子「連結予測利益情報の有用性」，明治大学経理研究所『経理知識』第84号（2005年9月），127-139頁．

関利恵子「連結予測利益の有用性からみた利益調整との関連」，『年報経営分析研究』第22号，10-17頁．

関利恵子「経営者予測と利益調整」，『信州大学経済学論集』第56号（2007年3月），1-28頁．

関利恵子「利益調整の有無と企業価値の関連」，『會計』第172巻第6号（2007年12月），68-81頁．

竹原均・須田一幸「フリーキャッシュフローモデルと残余利益モデルの実証研究—株価関連性の比較—」，『現代ディスクロージャー研究』（2004年4月），23-35頁．

高橋史郎「経営者予想の設定とその株価への影響」，『産業経理』（1990年），p. 118-

125.

田澤宗裕・山形武裕・國村道雄「会計ビッグバン期における利益情報の変容と株価関連性」,『會計』第172巻第1号,（2007年7月）, 83‐98頁．

田中隆雄「経営者による利益数値の管理と会計利益の質」,『企業会計』第56巻第4号（2004年10月号）, 18‐27頁．

中央経済社編『会計法規集 最新増補第28版』中央経済社，2008年．

富田智嗣『利益平準化のメカニズム』中央経済社，2004年．

日本経済新聞，2008年5月30日 朝刊．

日本経済新聞，2008年6月26日 朝刊．

野間幹晴「アクルーアルズによる利益調整‐ベンチマーク達成の観点から」,『企業会計』第56巻第4号（2004年4月）, 49～55頁．

野間幹晴「経営者予想とアナリスト予想―期待マネジメントとハーディング―」,『企業会計』第60巻第5号（2008年5月, a）, 116～122頁．

野間幹晴「業績予想とモメンタム」,『會計』第174巻第4号（2008年10月, b）, 103‐117頁．

野村證券 決算短信情報ホームページ

http://www.nomura.co.jp/market/stock/bs/index.html

永田京子・蜂谷豊彦「新規株式公開企業の利益調整行動」,『会計プログレス』第5号（2004年9月）, 91‐106頁．

羽森茂之『計量経済学』中央経済社，2003年．

河榮德「ファイリング制度の実証研究―業績予想修正の情報効果」,『企業会計』第46巻第6号（1994年6月）, 82‐92頁．

広瀬義州『財務会計（第9版）』中央経済社，2009年．

森久・関利恵子・長野史麻・徳山英邦・蒋飛鴻『財務分析からの会計学』森山書店，2008年．

山田真弘「アナリスト予想のアナウンスメント効果に関する経験的証拠」,『産業経理』（1995年）, 125‐131頁．

山田真弘「わが国における実績利益と予測利益の同時発表と株価形成」,『一橋論叢』

（1994 年 11 月），183-203 頁．

山本昌弘「実証的会計学の潮流」『會計』第 166 巻第 4 号（2004 年 10 月），18-28 頁．

山本昌弘『会計制度の経済学』日本評論社，2006 年．

山本昌弘「当期利益は管理できる」『Toyo Keizai Monthly Statictics』（2008 年 10 月），30-33 頁．

索　引

〔あ行〕

アーニング・サプライズ効果	37
Earnings Management	8
accountability	4
ASOBAT	1
アナリスト予測利益	77, 79
アナリスト予測利益達成	38
アノマリー	21
意思決定支援機能	33
意思決定有用性	6
意図的な介入	9
イベント・スタディ	21, 37
インセンティブ・システム	34
売上債権	29
売上高調整	106
AAA	1
ASBJ	4, 6, 13, 149
営業活動によるキャッシュ・フロー	
	15, 29, 103
エージェンシー・コスト	36
エージェンシー理論	31
エージェント	31
SFAC2号	6, 13, 148
FASB	4, 5, 13, 148
Felsam-Ohlsonモデル	1
Ohlson	2

〔か行〕

GAAP	11
GAAP違反	11
GAAPの範囲内	11
下位概念	7
回帰係数	92
会計上の裁量	32
会計情報の機能	149
会計数値	2
会計責任	4
会計操作	2
会計的特性	6
会計発生高	15, 29, 103, 112
会計利益	15, 29, 103
会社法	5
加重平均資本コスト	24
Kaznik	107
片側検定	61, 87, 159
価値関連性	1, 2
株価指数変化率	58
株価反応分析	58
株価変化率	58
株価連動型報酬制度	34
株式市場に関する動機	149
株主	31
株主価値	3, 24
株主資本簿価	83
機会主義的動機	30, 31, 33, 149
棄却域	61
企業会計基準委員会	4
企業価値	2, 3, 24, 83
企業価値関連	22
企業価値推定値	79, 80
企業価値説明力	2, 8, 17, 101, 128, 147

索　引

企業価値創造	2
基準化	87
基礎的会計理論	1
期待外利益	59, 60, 65
期待修正パターン	59
期待利益達成	42, 153
規範的研究	1
共線性	84, 133
緊急輸入制限措置	36
金融商品取引法	5
クリーン・サープラス	25
クロスオーバー研究	3
クロスセクション型	109
クロスセクション型推定	107, 113
経営者の裁量	111
経営者の恣意性	35
経営者予測	47
経営者予測利益	15
経過勘定科目	29
経済的情報	1
経常損益	81
契約関連	3
契約支援機能	4, 33
契約に関する動機	149
決算情報の株価反応	58
決算短信	47
決定係数	88, 92, 95, 128, 133, 137
減益回避	12, 13, 38
検証可能性	6, 8
効率的市場仮説	21, 37
個人予測	56
コスト	6
コンセンサス予測	56
コンフリクト解消	5

〔さ行〕

最高財務責任者	38
財務会計基準審議会	4
財務会計の諸概念に関するステートメント第2号	5
債務契約仮説	33
財務上の特約	5
財務制限条項	33
裁量的発生高	1, 13, 29, 102, 103, 133
裁量的発生高の影響	109
残差リターン	59
CFO 修正ジョーンズモデル	13, 102, 107, 112
恣意性	41
仕入債務	29
時系列予測利益	77
自己回帰モデル	82
自己資本コスト	23
自己資本簿価	25
自己修正機能	42, 150
市場効率性	1
市場リターン控除法	58
実証的研究	1
質的特性の階層構造	6
資本市場研究	3
修正ジョーンズモデル	104, 105, 106, 108
従属変数	60
情報価値	7
情報価値の存在	7
情報提供機能	4, 5
情報提供的動機	30, 31, 33, 149
情報内容分析	59
情報ニーズの充足	7
条約違反	34
Jones	104
ジョーンズモデル	104, 105, 106, 108
信頼性	6, 7
Scott	10

Schipper	9, 10
税引後経常利益	103, 109
政府契約仮説	35, 36
積極的会計	11
絶対残差	62
相関係数	83
総資産額	112
増分情報内容	49
増分情報内容分析	60
測定可能	3
損失回避	12, 13, 38, 121
損失回避行動	118, 138
損失回避的な利益調整	127
損失回避の利益調整	153

〔た行〕

ターミナル・バリュー	27
多重共線性	100, 132
単回帰	69
中立性	6
中立的会計	11
超過収益	21
超過利益	25
調整済 R^2	80, 92
直接導出法	112
ディアンジェロモデル	105, 108
DA/E 比率	114, 126, 128, 133, 137
Dechow	105, 107
Dechow & Skinner	12, 149
DCF	23, 25, 27, 149
DDM	23, 24, 25, 27, 40, 149
適時性	6
デフレート	87, 112
討議資料	6, 149
東証株価指数	58
独立変数	60

〔な行〕

内的な整合性	7
ネガティブ・サプライズ	38, 39
ノイズ	8

〔は行〕

配当性向	23
外れ値	88
発生主義会計	103
バラツキ	8
Palepu	28, 42, 150
Beaver	1
Beaver 型	1, 62
ヒーリーモデル	105, 108
比較可能性	6
非経常損益	81
非裁量的発生高	13, 29, 102, 103, 104, 107, 113
ヒストグラム	13, 52, 70, 101, 151, 159
ヒストグラムの分布形状	51
非対称性	32
表現の忠実性	6, 8
標準化差異	61, 168
標準化差異検定	55, 61, 87, 89, 95, 159
ファンダメンタル	21, 22
VIF	99, 132
フィードバック価値	6
フィードバック効果	38
不規則	70
不規則性	52, 54, 101, 164, 167
不規則な形状	163
不規則な歪み	51
負債価値	3
不正経理	11
フリー・キャッシュ・フロー	24, 27
プリンシパル	31, 35

粉飾決算	2
Healy & Wahlen	9, 10, 12
平均残差	62
米国会計学会	1
ベネフィット	6
ベルシャープ型の分布	70
ベンチマーク	38, 39, 153, 156
報告分布	101
報告利益	57
報酬契約	34
報酬契約仮説	34
報酬制度	34
ポートフォリオ	116
Ball & Brown	1
Ball-Brown 型	1
他の情報	83
ポジティブ・サプライズ	38, 39
保守的会計	11

〔ま行〕

ミスリード	9, 10, 12
見積	8
無限期間	24
目的適合性	6
モニタリング	4, 32, 33
モニタリング・コスト	35
モラルハザード	33

〔や行〕

歪み	154
予測価値	6
予測誤差	59, 60, 65
予測誤差率	60, 86
予測精度	161
予測偏差	49
予測モデル	113
予測利益情報の有用性	47, 48, 57, 150
予測利益情報の有用性の検証	62
予測利益達成	12, 13
予測利益達成のための利益調整	167

〔ら行〕

利益圧縮型	30, 41
利益減少型の裁量的発生高	137
利益減少型の利益調整	111, 116, 118, 120, 126, 143, 152
利益増加型	41, 118
利益増加型の裁量的発生高	138
利益増加型の利益調整	111, 116, 117, 119, 126, 152, 153
利益調整	2
利益調整の影響	13
利益調整の存在	13, 15, 42, 149, 153
利益調整の程度	42, 149, 153
利益捻出型	30
利益平準化	9
利益連動型報酬制度	34
利益を捻出	118
利害調整機能	4
利己的な行動	32
RIM	21, 22, 24, 25, 27, 40, 149, 150
累積異常残差	59, 60
累積期間	59
累積残差	66

〔わ行〕

Watts & Zimmerman	4
割引キャッシュ・フローモデル	23
割引現在価値	22
割引超過利益	28
割引配当モデル	22, 23

著者紹介

関　利恵子（せき　りえこ）

東京都三鷹市出身
2000年 9 月　明治大学大学院経営学研究科博士後期課程単位修得退学
　同 年10月　信州大学経済学部専任講師
2003年 4 月　信州大学経済学部助教授（現，准教授），現在に至る
2008年12月　明治大学より，博士（経営学）の学位を授与される
〔専　　攻〕経営分析論，管理会計論
〔主要業績〕『財務分析からの会計学』（共著，森山書店，2009年），「利益調整の有無と企業価値との関連」（『會計』第172巻第 6 号），「連結予測利益の有用性からみた利益調整との関連」（『年報経営分析研究』第22号），「外部環境・管理会計システムと財務業績との関連についての実証研究」（共著，『會計』第156巻第 6 号），など

　　　　利益調整と企業価値
　　　　（りえきちょうせい　きぎょうかち）
―――――――――――――――――――――――
2009年10月31日　初版第 1 刷発行

　著　者　ⒸＲ関　利恵子
　　　　　　　（せき　りえこ）
　発行者　　菅　田　直　文

　発行所　有限　森山書店　〒101-　東京都千代田区神田錦町
　　　　　会社　　　　　　0054　　1-10林ビル
　　　TEL 03-3293-7061 FAX 03-3293-7063　振替口座 00180-9-32919

　落丁・乱丁本はお取りかえします　　　　印刷／製本・シナノ書籍印刷
　　　　　　　　　　本書の内容の一部あるいは全部を無断で複写複製する
　　　　　　　　　　ことは，著作権および出版社の権利の侵害となります
　　　　　　　　　　ので，その場合は予め小社あて許諾を求めてください。

ISBN 978-4-8394-2086-4